マインドフルネス と キリスト教の霊性

Mindfulness and Christian Spirituality

Making space for God

神のためにスペースをつくる

ティム・ステッド Tim Stead

柳田敏洋／伊藤由里 訳

教文館

感謝

私のマインドフルネス・トレーニング中、私をサポートしてくれた人々、特にマリー・ヨハンセン、クリスティーナ・スラウィ、クリス・カレンに心から感謝します。また、この本への貴重なコメントと示唆とともに推薦のことばを寄せてくださったマーク・ウィリアムズ博士にも心から感謝します。そして最後に、最初の草稿を読んでくれたアン・トラセンコとデヴィド・ハーパー、また妻であり執筆のパートナーであるスージー、そして私がまだ十分にマインドフルでないといつも気づかせてくれる子どもたちに心から感謝します。

日本の読者の皆さんへ

二〇一六年に英国でこの本を出版して以来、マインドフルネスは世俗的なスタイルによって西洋世界で広がり続けています。マインドフルネスは現在、メンタルヘルスや体の健康問題について助けを求める何千人もの人々によって実践されています。そしてマインドフルネスは科学（ないし心理学）として、つまり心に「効果がある」ものとして提供されています。ふさわしいダイエットとエクササイズが私たちの健康によいことは明らかです。それだけでなく、いまやストレス、不安、抑うつ、また現代のデジタル時代の中で生じる様々な問題に対応する非常に有効な方法として、心の用い方についてより優れた実践方法を見出しつつあります。分かりやすく言えば、マインドフルネスの実践は私たちの心の健康に大きな効果をもたらすことができるということです。

しかし、次のような問いがしばしば生じます。マインドフルネスは霊性とどのように関係するのか。あるいは特に、それはキリスト教の霊性とどのように関係するのか、という問いです。もちろん、日本の仏教徒が関心を持つとしたら、違った問いになることでしょう。それは、マインドフルネスは常に仏教徒の霊性の一部をなしていたからです。けれども多くの日本のキリスト教徒は、仏教を通してではなく、世俗的で治療的なものとしてマインドフルネスに出会っているでしょう。ですから私たちは異なる問いを持っており、それにどう答えるかは慎重に考える必要があります。

あるキリスト教徒は、西方教会の観想の祈りの伝統を示し、十字架のヨハネやアビラのテレサを挙げ、あるいは東方正教会におけるイエスのみ名の祈り（the Jesus Prayer）を引き合いに出し、私たちはすでにマインドフルネスに相当する固有のものを持っていると答えるでしょう。これに対する私自身の答えは次のようです。確かにキリスト教には計り知れないほど貴重で尊い伝統の数々がありますが、マインドフルネスは新しい洞察をもたらすものであり、マインドフルネスそのものが何を私たちに与えてくれるのか大いに注目する必要があるのです。また別のキリスト教徒は、簡単にキリスト教用語や表現を用いて、それ以外は通常のマインドフルネスの実践をすることで「キリスト教の装い」をしたマインドフルネスに取り組みます。これはある程度役立つでしょうが、私の考えからするなら、キリスト教の持つ豊かさを軽視しています。

この本で取り組もうとしたのは、マインドフルネスの持つ洞察に相応しい敬意を払うとともにキリスト教の伝統の持つ豊かさに十分な敬意を示すこと、またこの二つが互いに対話をすることで何が生じるかを見てゆくことです。つまり、この本はいわゆる「ハウツーもの」ではなく、マインドフルネスとキリスト教信仰がいかに互いに見事に調和するものであるか、また両者がいかに互いを豊かにし合えるかをいろいろ考察したものです。

私自身の経験からするなら、マインドフルネスの実践は心の健康とスピリチュアルな健康の両方の維持にとても役立っています。私は英国のオックスフォードにある家に住んでいるのですが、その家は庭の隅に瞑想ルームを設けるために建てられました。私は瞑想ルームで、もし可能なら、一日に三回瞑想を実践しています。ほんの少しの時間しかなくても瞑想します。そして、私は生活の中で静寂、平和と充実が現れ、それらが増していることに気づいています。同時に、生活の中で生じるストレスに対処できるようになるにしたがって、キリストの生涯の意味と関わりについて、私自身、より深くて新しい洞察にこれまで以上に気づくようになっています。

私はこの本が日本語に翻訳されることをとても喜んでいます。そしてマインドフルネスとキリスト教の継続的な対話に貢献するだけでなく、可能なら仏教とキリスト教との継続的な対話にも貢献することを心から望んでいます。

二〇一八年一二月一八日

英国オックスフォード
ティム・ステッド

推薦のことば

私はストラットフォードから田舎道に沿ってオックスフォードへ戻ろうと車を運転していました。陽ざしのよい春の日で、黙ったまま運転するのを楽しんでいました。時折、カメラのマークの付いた標識を通過することがありました。私は速度検知カメラが現れる時に運転手に警告するこのような衛星ナビシステムがそのカメラを正確に捉えているのか、それをどう役立てればいいのかについてぼんやりと考えていました。そのうち、私の心は交通監視カメラについての考えにあまりにも占められ、実際のカメラに気づいた時には手遅れでした。

何かについて考えることは、そのものに実際の注意を向けていることと同じではありません。ウイリアム・ジェームズが言うように「事物を生き生きと知っていることや共感的に知っていることとは異なり、事物についての知識は、現実の外面に触れているに過ぎない」*のです。言葉は、それが話されたものであろうと、考えられたものであろうと、書かれたものであろうと、観念の世界を私たちに提示するのですが、それは私たちが無意識のうちに実際の経験の中に代役として使ってしまうほどに現実をうまく表すものです。

宗教はこのような観念の影響を受けないものではありません。宇宙や深い沈黙の中に由来する至高の存在（Presence）や至高の力（Power）への覚醒は、やがてその体験についての言葉に取って代わられます。私たちは詩から散文へ、理解のかすかな光から教義のいっそう強烈な光へと移り、必要に気づきそれに応える心の広さを喜ぶより、立場を閉ざし守ることに変化します。私たちの心は人生の意味を見つけることにあまりに占められているので、生きた現実の体験に触れることを失っています。

ティム・ステッドの本は、どのように私たちが人生のためにまた神のためにスペースを作ることができるかを示すことで、そのバランスを取り戻すことをねらっています。私たちの信仰を生活に戻すことのできる一つの道は、正しいことを信じることによってではなく、実践によって、すなわちマインドフルネスのエクササイズによってできると彼は言います。

マインドフルネスは目覚めること、すなわち私たちが何かをしているときに自分がしていることを明晰に本当に「知ること」（knowing）を意味します。これは仏教伝統の中心をなすものですが、マインドフルに目覚めることはキリスト教の観想の伝統にも見出されるものであり、いずれにしても仏教徒になるということではなく人間になるということです。

マインドフルネスは信仰に栄養を与え、それを新たにしてくれます。ティム・ステッドはこれを教義として主張するのではなく、彼が主張するのは私たちが自分の心に、一瞬一瞬、厳しい判断なしに、外面の世界と内面の世界に起こっていることに気づき続けることで、何が起こっているかを見るようにとの招きです。定期的な瞑想のエクササイズによって、私たちはマインドフルネスによって自分の人生が変容し、平和の感覚が与えられ、時間の余裕が生じ、慌ただしさが減るのを見出します。マインドフルネスによって私たちは恐れを感じる時にいっそう勇気をもって開かれた心で取り組むことができるようになり、この世界の中で慈しみある行動を取ることができるようになります。

しかしこれはキリスト教が「すでに」おこなっているのではないでしょうか。一体全体、マインドフルネスはキリスト教がすでに豊かに持っているスピリチュアルな源泉に何を加えることができるのでしょうか。これはとてもよい疑問です。何世紀にもわたりキリスト教には驚くべき広さと深さのスピリチュアルな実践があります。そしてどの中心にも慈しみの気づき（loving awareness）を養う実践があります。けれども、私たちの伝統の中にスピリチュアルな豊かさがあると主張するとき注意深さがいります。そのような主張は、（教会の中で）私たちはすでにすべての答えを持っており、（教会の外の）人々に必要なことはただ人々を目覚めさせ「大事なことに従う」よう取り組ませるだけだ、という巧妙な考えから生じたものではないかということです。もし人々がただあれこれの最も優れた霊的著作を読んだり、地域のカテドラルや教会で行われる一連の講話や奉仕に参加したりすることでキリスト教の観想的生活に相当するものがやがて分かるようになると考えるのはあまりにも安易です。

キュロスの時？

キリスト教の教会の内部からの改革は可能でしょう。けれどもマインドフルネスでは、そのすべての利点は「外部から」来るもので、私たちはマインドフルネスから何かを差し出されているように思えます。これはキリスト教徒にとってキュロスの時（*Cyrus moment*）かもしれません。もしこれが本当なら、無視してはならないでしょう。キュロスの時とは何でしょうか。預言者イザヤ（四五章）の書を参照できます。バビロンに捕囚されたイスラエルの子らに語りかけて、イザヤは、自由は「油を注がれたキュロス」を通して成し遂げられると述べます。通常はユダヤ人の王に限定された「油を注がれた」という言葉がペルシャの王に拡大適用されます。それだけではなく、この王はヘブライ人の神について何も知りません。「わたしはあなたの名を呼び、称号を与えたが、あなたは知らなかった」（四節）。イスラエルの人々へのイザヤのメッセージは、神がやがて外部の何かや誰かを用いることで彼らの捕囚を終わらせ、故郷へ帰還させることを信頼せよとのメッセージでした。

もし私たちが必要なもののすべてはすでにキリスト教の中に見出されると主張するなら、私たちは大切な機会を失うリスクを負うことになります。その大切な機会とは、キリスト教固有の伝統の外からやって来た、神の霊感を帯びた何ものかが私たち自身を変容させ解放をもたらす（transformative liberation）ということであり、それは私たちがキリスト教の内部で必死に求めても見出すことができなかった解放なのです。

心を閉ざす代わりに私たちがもしティム・ステッドの賢明なアドバイスに従い、外なる知恵の源の持つ豊かさ、絶妙の繊細さと美しさの源に心を開くとするならどうでしょうか。これは、ただ言葉がさらに増えるだけのように、仏教について本を読むことではありません。むしろ通常のエクササイズとは別の時間を設けて取り組むことです。そうすることで、私たちはすべての存在の根底（the

Ground of all Being）を再発見できるでしょう。そして傷つき混乱に満ちた私たちの生活の只中にあってさえ、深みのある、神の与えた静けさと平和に与ることができるでしょう。

ティム・ステッドの本は彼の属するキリスト教の伝統に向けて書かれたものです。けれども彼の本は癒しの普遍的な源泉に向かうものであり、他の信仰を持つ人々や信仰を持たない人々にも計り知れない可能性（potential）を与えてくれるでしょう。

どうぞこの本を読むために数日間使ってください。その内容を心に刻むならば生涯にわたって役立つでしょう。

マーク・ウィリアムズ
オックスフォード大学臨床心理学名誉教授
オックスフォード、クライスト・チャーチ主教座聖堂名誉参事

（＊）W. James, *A Pluralistic Universe*, 1909, Google Books の e-book として入手可能。以下を参照のこと。Joel D. S. Rasmussen, 'Williams James, *A Pluralistic Universe* and the ancient quarrel between philosophy and poetry', in M. Halliwell and J. D. S. Rasmussen, *Williams James and the Transatlantic Conversation*, Oxford: Oxford University Press, 2014, pp. 151-66.

【目次】

はじめに　神のためにスペースをつくる

Making space for God

「またマインドフルネスの本？」。読者はおそらく衣装ダンスの中のコートハンガーと同じくらいの数ほど、マインドフルネスについての本があるのをご存知でしょう。そこには『マインドフルネスとこれ』『マインドフルネスとそれ』という本が見られ、そして、『マインドフルネスとあれ』などのタイトルの本もまもなく出ることになるでしょう。今や、マインドフルネスはまさに大ブームであり、そのうち、マインドフルネスについての皮肉も出てきて、「私はマインドフルネスをしない」と書かれたTシャツを着ることも始まるでしょう。

しかし、マインドフルネスとキリスト教についての本はまだほとんどありません。そのことについて、マインドフルネスとキリスト教はとても重なるところがあるのにと、私には幾分奇妙に思えます。またこのような大きな話題に対してキリスト教徒からの応答があってしかるべきだと思えるのです。

これに関しては、二つの理由があるのではないかと思います。一つは、私たちはすでに二〇〇〇年を越える霊性についての伝統（spiritual tradition）を持っており、マインドフルネスは信仰をもたない人たちのための「霊性」（spirituality）にすぎないとおそらく感じているからではないでしょうか。別の言葉で言えば、私たちはマインドフルネスを何も必要としないということです。もう一つは、マインドフルネスは仏教由来のものだと聞いているからでしょう。このことが善いか悪いかはものの見方によるでしょうが、それでも仏教はキリスト教にとって「競合する」宗教であって、自分のスピリチュアルな実践のためには自分の持つ信仰をこそ頼みにすべきではないのかということなのです。

さて、おそらくこれらすべては正しいか、ほぼ正しいと言えるでしょう。しかし、それでもまだ心に疑問が残ります。

・キリスト教はいまだに何かを学びうるものであるのか？
・私たちは他の宗教伝統の持つ洞察に心を開いているのか？
・私たち自身の宗教伝統の中にまだ未開拓の部分があるのか？
・私たちは科学の洞察に心を開いているのか？
・私たちはキリスト教信仰と霊性について、さらなるステージという冒険に向かう気力があるのか？

もしこれらの疑問のどれか、あるいはすべてについて、たとえ条件付きであったとしても、心の中で「はい」と答えるのなら、この本は読む価値のある本となるでしょう。

しかし、最初に、この本のアプローチの仕方について、「何でないか」から始めさせていただきます。この本は、マインドフルネスのテキストでも、マインドフルネスのコースについて書かれたものでもありません。自分自身のためにマインドフルネスを身につけることを望むなら、読む価値のある本がすでに多く書かれています（そのための良書の一覧やコースをどこで見つけられるかについてはこの本の最後に載せています）。また、この本は神学論文ではありません。むしろ「マインドフルネスはキリスト教に何を提示できるか」を問おうとするものです。当初、私はこの問いには逆の方向から答えたいと思っていました。つまり「キリスト教はマインドフルネスをどう考えるか」という問いです。けれども実のところ前者の問いはずっと興味深いものであり、可能性に満ちています——そして、おそらくいっそう謙虚なものです。ということで、第1部ではマインドフルネスとは何かについて、またマインドフルネスがどのように役立つかについてページを割いて述べますが、マインドフルネスが基本的によいものであると受けとめられていることを前提にします。体のエクササイズと適切なダイエットが健康な体をつくるのと同じで、心理学者がすすめるように、本質的にマインドフルネスは健全な心を持つためのものです。しかし、この点よりさらに進みたいと思っています。それはキリスト教徒の生活において、マインドフルネスがキリストの呼びかけに応える助けをある程度可能にすることを述べたいのです。

自分の信仰について考えるとき、私はいつも二つの明確な問いを持っていました。

1　それは意味があるか。

2　それは違いを生むか。

キリスト教徒としての初期の頃、たやすく何でも額面通りに受けとめていた頃の私を別にして、第一の問いは、常に私が信仰や信仰宣言の箇条と格闘していたことに関わります。とにかく、「私はそれを信じることができない」と言いたかった時が何度もありました。しかし、最後には、「私はそれを信じることができない」と言うのはちょっと厚かましく、またどのみち、これは私を本当にはどこにも導いてはくれないと思うのでした。それで、もっと興味深く思われる問いは、「そのように言うことで——神についても、イエスについても、また他のどんなことについても——本当のところ何を意味しているのだろうか」というものでした。このような態度は問いを開いたままにし、また探求を生きたものにします。そこで第2部では、私たちが信じていること、また、どのように信じているのかという点について、マインドフルネスが何をもたらすことができるかについて検討する時間をとりたいと思います。

第二の問いは私にとって、より強いプレッシャーがかかるものです。私は、キリスト教信仰は慰め、インスピレーション、目的意識を与えてくれるものだと知っていますが、何かを実際に変えることができるのでしょうか。私たちは無益なことをやり続けているにすぎないのでしょうか？　耳に入って来るニュースは今もこれからもずっと悪いものばかりなので、人々にアヘンを与え続けていくのでしょうか？

私はきちんと機能する信仰と霊的な実践（spiritual practice）を求めています。すなわち私の人生に違いをもたらし、私たちすべての人生において物事をより良い方向に変えることのできる信仰と霊的な実践を強く求めているのです。これに加えて、私たちの多くは、自分たちが何者であるべきか、あるいは何をすべきかを非常に明確に定める信仰を強く意識しています。しかし、私たちはどのくらいその期待に応えてきたかについては、常にうまくできていないという感覚を覚えるのです。しかし、これはまさに謙虚な思いであり、自覚なのです。私の神学校時代の新約聖書学の先生は、人々が自分は実際にはキリスト教徒などではなく、ただ山上の説教によって生きているだけだと言うことがいかに多かったかについて述べていました。先生はその人たちに、「山上の説教を読んだことがあるかね」と応じ、もし人々がちゃんと読んでいたとしたら、人々はその理想が実際は不可能であることに気づいていただろうにと、先生は推し量ったものです。それにもかかわらず、そのことに気づいた人たちにとっては、自分たちの失敗を赦す神を受け入れるだけでは十分ではないのです。私たちは、ゆっくりした歩みであったとしても、山上の説教の理想に応え、成長し、この理想に向かう道を見つけたいと心底望んでいるのです。そこで、私たちキリスト教徒の信仰はうまくいっているのでしょうか。違いを生んでいるのでしょうか。私から見てマインドフルネスもまた、信仰が私たちに役立つことを可能とする役割を担っています。第3部で、私はこれが本当であることをいくつかのやり方で説明していきます。

まず、第1部では「マインドフルネスとは何か」の問いに答えていきます。けれども、本書はミニコースではありません。マインドフルネスそのものを基本的に理解してもらえるよう説明できればと願っています。これを三つのアプローチでおこなっていきたいと思います。最初は、臨床領域と学問領域におけるマインドフルネスの発展を話します。次は、キリスト教の伝統におけるマインドフルネスを振り返ります。最後は、私自身の信仰の旅という観点からマインドフルネスについて振り返ります。

しかし、どのアプローチについても指摘しておきたい大事な点があります。それは、マインドフルネスは体験することによってのみ真に評価できるということです。そのために、この本には実際の瞑想エクササイズを載せてあります。それらを皆さんに試していただきたいです。味見する程度のものでしかありませんが、それによって、おもに考察する部分との間のバランスを取ってもらえればと願っています。

最後に、〈神のためにスペースをつくる〉（*Making Space for God*）という副題について述べておきます。私たちは自分自身を救うことはできません。自分自身を癒すことさえできません。キリスト教徒は、キリストの中にある神のみが救い主であり、癒し手であることを信じています。しかし、私たちにできることがあり、それをする必要があります。それは、神が私たちのところに来てくださるよう、私たちが神の場所《スペース》をつくることです。私たちは自分自身を開くことを選び、恵みの働きを自身の生活に招くことができるのです。これはおなじみの言葉かもしれませんが、「でもどうやって自分たちの心を開き、恵みを招くことができるのか」という問いが生じます。そこで私が言いたいのは、マインドフルネスが私たちの心を開く方法を示し、恵みを招く方法を示してくれるということです。つまり神のための場所《スペース》をつくる方法を示してくれるということです。

第1部　マインドフルネスとは何か　What is Mindfulness?

第1章　臨床領域と主要な領域におけるマインドフルネス

Mindfulness in its Clinical and Mainstream Context

もうすでにマインドフルネスの基礎を知っている人、マインドフルネスのコースを受けたことがある人はこの章を飛ばして先を読み進みたいと思うかもしれません（私の考えに少し興味を覚えるだけの人もいるかもしれません）。しかし、何の知識もない人にとっては、この章を読むことで、マインドフルネスがこの四〇年間に（最初は臨床分野において、後にあらゆる分野で）どのようにして注目されるようになってきたか、実際マインドフルネスとはどういうものなのか、それは一般的にどのように教えられているのか、さらには私が教会の小教区の中でどのような方法で教えているのかを知ることができるでしょう。

歴史

話は一九七〇年代にさかのぼりますが、ジョン・カバットｰジンというマサチューセッツ工科大学院出身で分子生物学の博士号を持つ人物が、慢性的な痛みに苦しむ人々を助けるための瞑想プログラムの開発を始めました。カバットージンはそれより二－三年前に瞑想に出会い、世界的に名高い仏教の師であるティク・ナット・ハン〔ベトナム人の禅僧・瞑想指導者。ベトナム戦争中に非暴力反戦活動を行い「行動する仏教」を提唱した〕の影響を受けました。カバットージンはユダヤ人でしたが、彼の考え方は、彼の宗教的背景よりも、両親から学んだ科学と芸術に強く裏づけられていたことがうかがわれます〔彼の父親は生物医学者、母親は画家であった〕。同様に、彼が瞑想に出会った時、彼を魅了したのは、宗教的要素ではなく、瞑想から生み出される健康的価値のほうでした。彼は自分が特に仏教徒であるとか、またユダヤ人であるということには固執せずに、むしろ自分の科学的背景に関連するもので目にするもの全てを探求し続けました。彼は自分が携わっている瞑想が健康増進に役立つかもしれないと考え始め、後に「マインドフルネスストレス低減法」(Mindfulness Based Stress Reduction, ＭＢＳＲ）として知られるようになる八週間のプログラムを開発しました。彼はマサチューセッツ大学医学部において対照試験を使って研究を行い、このプログラムが患者の不安とストレスを著しく減少させること、特に、患者が慢性疼痛に対する代替治療法を見つけるための助けになることを示しました。それ以来、そのプログラムは続けられ、今では世界中で利用されています。

Healing and the Mind（癒しと心）という、とても感動的なビデオがあります（YouTube で見ることができます）[1]。そこでは、カバットージンが、重症で治療不可能な慢性疼痛を抱えた人々向けのクラスの中で、瞑想がその人の人生を変えるのにいかに役立ったのか示しています。この患者たちは、疼痛除去のために可能な、従来のあらゆる治療法を試しており、すでに疲れ果てた状態にいました。マイ

ンドフル瞑想は疼痛除去のための新たな方法として提供されたのではありません。そうではなく、痛みとの関わり方の新しい方法として、マインドフルネスストレス低減法が教えられたのです。これによって、ほとんどの人が痛みに対して感じていたストレスの度合いを著しく軽減することができました。続いて、多くの人が痛み止めの薬の量を減らすことができるようになり、仕事に復帰したり、それまで控えていた活動に関わったりすることができるようになりました。しかし、このビデオで最も驚かされたのは（これは私にとって特に重要であると思われるのですが）、インストラクターからおもいやりの心があふれ出ているようにみえたことです。カバットージンは患者に対して、心をこめた真のケアを行っているように見えます。もしカバットージンが言うように、これが全て科学であるとするなら、今までの科学とは違うものだったのでしょう。なぜなら、そこには根本的に必要な要素として、愛の体験が存在していたからです。

一九九〇年代に話を進めると、二つの大陸で、慢性うつ病患者の治療の効果に影響を与える認知行動療法（Cognitive Behaviour Therapy, ＣＢＴ）の治療者たちのグループが現れます。その頃までは、精神医学と心理学はすでに症状が出ているうつ病患者の治療法に焦点をあてていたことを思い起こしてください。認知行動療法は一九七〇年代から治療の効果があることを示してきました。しかしマーク・ウィリアムズ、ジョン・ティーズデール、ジンデル・シーガルたちが調べていたのは、うつ病を抱えた人々にとって最大の問題、「再発」でした。再発は抗うつ剤治療を受けた人々にとって特に深刻でした。彼ら心理学者たちは、そのような再発の原因として、過去にうつ症状を経験した人は新たな症状の発症が誘発されやすくなるのではないかと考えました。この人たちにとって、どんな小さな気分の落ち込みも連想の連鎖を活性化させ、ネガティブな思考パターンを形成し、気分を複雑なものにし、本格的なうつ病にさせてしまうのです。認知行動療法は再発を減少させると考えられていましたが、どのように治療効果があるかを誰も理解していませんでした。シーガル、ウィリアムズ、ティーズデールたちは、認知行動療法は無意識のうちに思考の波に呑み込まれるのではなく、思考の悪循環から一歩離れる方法を教えているのだということを示しました。もしこのようにして治療が効果をあげているのだとしたら、今は状態がよくても、将来的にうつになりやすいと考えられている人々に対しても、同じ方法を教えることができるのではないか？　どうすればそれが達成できるのか？　一九九〇年代の初めに出版され始めた文献を通して、彼らがマサチューセッツで行われているカバットージンの方法を知ったのはそのような時でした。

それから、認知行動療法の専門家たちはアメリカに飛び、マインドフルネスストレス低減法のプログラムに参加しました。そして、これこそが自分たちが探していたジグソー・パズルの失われていたピースであると理解したのです。最初、多少の失敗がありました。例えば、マインドフルネスは自分で実際に実践していない人によっても教えることができるという著しい思い違いがありました。しかし、その後、彼らはマインドフルネス認知療法（Mindfulness Based Cognitive Therapy, ＭＢＣＴ）と呼ばれるようになる八週間プログラムを開発しました。このプログラムは主にマインドフルネスストレス低減法（ＭＢＳＲ）に基本を置くものでしたが、長期うつ病患者のニードに焦点を合わせました。認知行動療法（CBT）は過去にその効果が示されていましたので、その名残はまだありましたが、今や、マインドフルネスのほうが前面に押し出されることになりました。必然的に、参加者には、行動療法のテクニックを使う前に、ネガティブな思考から離れて、そこにスペースを創り出す方法が示されました。

初期の成果は劇的なものでした。通常の治療を続けた人（その治療法がなんであれ、その治療を継続する、あるいは必要があれば薬剤治療に戻ることも可能でした）に比べて、マインドフルネス認知療法プログラムに参加した人は最大五〇パーセントまで再発の減少が見られました。中心となる成果は慢性患者の再発の減少にあるように見えました。うつ病患者には、状態がいい時にマインドフルネス認知療法プログラムへの参加が勧められます。その理由として、一つには、プログラムでこなさなければならないことが非常に多いということと、また、教えているのは再発を避けるために必要な方法であるということがあります。ここでもう一度心に留める必要があるのは、思いやり（compassion）というものが、このプログラムが教えられる過程の中に埋め込まれているということです。このコースの開発は、数十年もの間、開発者が抱いていきた思いやりの心によって動機づけられていました。彼らは、これが治癒のプロセスに重要な部分を占めていることに気づいていました。心に留めておくべき最後の大事な点は、最初の成果、あるいは単位当たりのコストが低いこと（マインドフルネスは一回に最大二五人まで教えることができます）によって、英国国立臨床研究所（NICE=National Institute for Health and Clinical Excellence, NHSに助言する政府組織）が迅速に支援を進めたことです。現在では、家庭医によってマインドフルネスのコースが紹介されますが、それは国民医療・保健サービス（NHS）によって費用が支払われているのです。

定義

これはすばらしい成功の物語です。心理学者、神経科学者、医療従事者などによってマインドフルネスはすばらしいことが示されました。しかし実際のところ、それはどのようなもので、どのように教えられるのでしょうか。

定義として、まず、マインドフルネスは「現在の瞬間に起こっている自分の体験について、なんの価値判断もせずに、よりはっきり気づいていること」ということができます。この定義には四つの重要な要素があります。「気づき」(awareness)、「体験」(experience)、「今この瞬間」(the present moment)、そして「価値判断なし」(non-judgment) の四項目で、どれもマインドフルネスの重要な部分となっています。物事に気づいていることが、それを実践している人にとって重要な影響を与えるというのはとても簡単で、単純にさえ思われるかもしれません。しかしこれら四つの要素はそれぞれ、私たちの直感に反するものなのだということに気づいていただきたいのです。すなわち私たちの通常のぼんやりした状態（デフォルトモード）の脳の活動の性質にかなり逆らうものなのです。ですから習得するには多大な練習が必要です。それぞれの要素は、不安を軽減し、もっと自由に生きるための大切な役割を担っています。それが最終的に、私たちの健康の他の部分にも効果があるらしいのです。「気づき」に重きを置くのは、私たちの脳がほとんどの時間、無自覚に自動的に働いてしまうので、それに対する強力な解毒剤として提供されているのです。マインドフルネスの訓練では、これを「自動パイロット」と呼びます。私たちの脳が、ほとんどの時間、自動的に、あるいは無意識に活動することができるということは重要なことです。私たちは心臓に毎秒脈打つように指令を出し続けたり、向こうからやって来るバスをよけるために飛びのくべきかどうか考えたりする必要はありません。しかし無意識の脳の活動がどうひいき目に見ても無駄であり、最悪の場合、危険である場合もあるのです。それで、今この瞬間に自分の頭（minds）の中で起こっていることに気づき続ける練習を常にやっていくというのは、とても強力なツールになり得ます。後で探っていきますが、「気づき」は私たちが自分の頭をどう使っていくかについてより優れた選択肢に導いてくれます。

自分自身の「体験」を重視するのは、脳が持つ分析し過ぎの傾向を緩和させるためです。再び申し上げますが、分析力は多くの問題を解決するために必要な脳の重要な機能なのですが、全てについて通用するというわけではありません。大切なことは多くの場合、この例外は感情の問題あるいは心理的な問題についてではないということです。いずれにしても、自分が実際に体験していることのありのままの姿に近づくことは、癒しのプロセスの重要な部分になりうるのです。特に、（自分で気づいていない場合でも）分析力を自分の体験からただ遠ざけるための手段として使っているような時、ありのままの体験に近づくことは重要となります。

「今この瞬間」に重きを置くのも、過去のできごとを何度も思い出し、心配したり、過剰にうかれたり、また、これからのことをあれこれ考えすぎたりして、今目の前で起こっていることに心を向けることなしに過ごしている私たちにとっては、重要な鍵となるツールです。

最後に、「価値判断しない」態度というのもまた重要です。私たちは自分が恥だと思ったり、恥ずかしいと思ったりすることを抑制する傾向があります。その傾向を減らしたいと思うなら、この価値判断しないという態度は重要な鍵となります。自分自身のある局面がいったん抑制されると、その部分はどんな種類の癒しにも活用ができなくなってしまいます。自身のある部分が価値判断なしの状態で（すばらしい心理療法家、さらには神によって創られた状態と同じと言ってもいいですが）、ただそこに存在しているという時のみ、その局面は完全に理解できるようになり、何らかの形で癒しが起こるのです。

これまでこのような体験をしたことがないのであれば、ここで少し体験してみましょう。マインドフルネスを実際の体験を通して明らかにします。

レーズン・エクササイズ

この実習はマインドフルネスを教える際によく使われ、今や古典となっているものです。必ずしもレーズンを使用する必要はありませんが、レーズンを使うほうが効果的なように思えます。

独りになれる時間を見つけ、ここに書いてある指示を読み、ベストな状態でやれるかどうかをみてください。

1　レーズンを一粒手に取り、手のひらに置きます。それをある時点で食べるのですが、まだです！

2　まず手のひらにあるレーズンを見て、目に見える部分をただ観察します。あなたはこれがレーズンだと知っており、今までに何度もレーズンを見てきました。でもこのレーズンを見るのは初めてであり、見ているこの瞬間も初めてです。そして今、この瞬間のあなたの心の状態というのも初めて体験することです。そのレーズンを生まれて初めて見るもののように、意識をできるかぎり集中して、よく観察します。つるつるした感じ、でこぼこした感じを見ていきます。さまざまな色の陰影、光が当たって明るい部分、暗い部分など見てみましょう。

3　準備が整ったと感じたら、次は親指と人差し指でレーズンをつまんで、その感触を探ってみましょう。指の間でころがして感触が変わっていく様や、暖かくなっていく感じなどを観察しましょう。

4　次にレーズンを鼻に近づけ、においを嗅いでみましょう。どんなにおいがするでしょうか？　風邪を引いている場合には何のにおいもしないかもしれません。その時はそのにおいがないという感覚に気づいていましょう。においが感じられるのなら、しばらくの間、それに気づいた状態のままでいます。においはとても複雑です。自分の指のにおいを含めて、何種類かのにおいがあるかもしれません。

5　さあ今度は舌の上にレーズンを置いてみましょう。まだ噛んだり、のみこんだりしません。できるなら、舌の上にレーズンをのせることで口の中で起こる感覚を観察してみましょう。舌の上で少しレーズンを動かしてみて、口の中の他の部分がこのレーズンが入ってきたことでどう変化したかを観察してみましょう。

6 じゅうぶん観察できたら、嚙んでみて、ひろがる香りに集中してみましょう。そして口の他の部分が、どんな反応を起こしているかを見てみましょう。

7 最後に、自分でその時だと思ったら、レーズンをのみ込みましょう。しかし、まだ終わりではありません。口やのど、そしてそのレーズンを飲み込んだ身体の中に残っている感覚に注意を向けてそれを観察しましょう。

これをクラスで行う時は、このエクスサイズの後、参加者がそれぞれどんな体験をしたか、何に気づいたかについて話してもらうようにします。その時、返ってくる答えは、驚きです。すばらしいものばかりです。やったことは、ただレーズンを食べただけなのに、レーズンが引き金になって、それまで気づいたことのない様々なこと、心に浮かんだあらゆる考えが出てきます。ある参加者は心のなかで、はるか英国の南の海岸まで旅をし、クリスマスに自分の母親が台所でクリスマス・プディングの準備をしていたのを見たことを話しました。ただ一粒のレーズンを食べるように言っただけなのです。

あなたの体験は違うかもしれません。つまらない、いらいらする、レーズンはきらい、何か人生を変えてくれる霊性について学ぼうと考えている時、自分は何をやっているのだろうという考えなど様々でしょう。あらゆることがあるかもしれません。それでも何を体験し、何に気づくかは問題ではありません。問題なのはそれに気づいていることだけなのです。

こんな風に人生を生きてみるのはとてもすばらしいことではありませんか。自分の周りや内側でずっと展開し続けている多彩な体験に、しっかり気づいている。今まで一度も気づかなかったこと、例えば、自分が出会う全てのものの微妙な色、香り、質感を楽しみ、自分の心の中を始終めぐっている思考に完全に気づいている。しかし、これは全体のプロセスを描き始めたばかりでしかありません。簡単なようですが、実際はとても難しいものなのです。だから練習、練習、ただ練習するのです。その練習についてはいろいろ語られていますが、私たちが求めているのは、さらに注意深く気づきを深めていった先の結果なのです。マインドフルネスは多くの健康上の効果があることが示されています。そして、キリスト教徒にとっても多大な恩恵があることを論じるつもりです。

マインドフルネスを教えること

最後は、どのようにマインドフルネスを教えるかです。私は、これはマインドフルネスが教会に提案できる中心部分ではないかと思っています。例えば祈り方を学ぶのと比較してみてください。私は何十年もの間、霊性の修行の方法を学ぶことにとても前向きに取り組んできました。そのような私でさえ、経験はほんの少しでしかありません。名著から、普及版まで、多くの素晴らしい本があります。長い間かけて、ここから少し、あそこから少しと学んできました。しかし、行き詰った時、多くの場合、身近で手を貸してくれる人はいませんでした。みなさんの周りの信者さんたちについてはどうでしょうか。イエスの弟子が「どのように祈るのでしょうか」と尋ねたように、彼らも尋ねるかもしれません。祈りについての本とコースが提供されています。熱心に求めるなら、指導者の助けを得ることさえできます。しかし、基本に沿って導いてくれるようなコースが果たしてあるでしょうか。マインドフルネスにはそのようなコースがあります。さまざまな形がありますが、全ては同じ源から引きだされており、基本を提供します。そこから自分でさらに切り開いていって、残りの人生のために開発していくことができます。

私が教えているコースについて話す前に、マインドフルネスがさらに発展した話を述べたいと思います。マインドフルネスが重症患者に効果的だとわかってから少し後に、軽度のストレスや不安にさらされている人、重圧と優秀さを求められるキャリアの中で集中力をつけたい人、あるいはさらに健全な人生を送りたいと思っているような人々にとっても、価値のあるものであることがわかってきました。

ジョン・カバット－ジンはすでに一般の読者のために多くの本を書いていましたが、二〇一一年にマーク・ウィリアムズがダニー・ペンマンと組んで『自分でできるマインドフルネス——安らぎへと導かれる八週間のプログラム』（*Mindfulness: A Practical Guide to Finding Peace in a Frantic World*, 直訳すると「マインドフルネス――狂気に満ちた世界で平和を見つけるための実践的ガイド」）という本を出版しました(2)。この本で彼らは、特に対象者を絞らずに、一般の読者が家でできるような八週間のコースを紹介しています。慢性疼痛やうつ症状を持つ人のためには作成されていません。毎日普通の生活を送っている人々の切なる要望に応えるために作られました。

私が教えているコースはこの本を基にしています。これは全てのコースに共通しているのですが、以下の説明はこの一般向けの本を使って教えた経験に基づいています。

鍵となる二つの原則から始めましょう。

初めに、マインドフルネスはマインドフルな状態でのみ教えられるもの、たとえば、「神と共にある」という雰囲気の中でのみ教えることができるものだという認識が当初ありました。そこではマインドフルネスについて教えることができるのであり、それを聴いている人々は（もしも退屈にならなければ）マインドフルネスの知識を得るのです。けれどもそのほとんどはまったく役にたたないものでした。なぜなら彼らが本当に必要としているのは、自分でマインドフルネスを体験することだからです。体験する形でマインドフルネスを教えることは、参加者自身がクラスや家でそのエクササイズを自分で試してみることを含みます。そしてそのエクササイズをやっている時に何を体験したかを振り返るのです。目的は、何か特別な体験に到達するのではなく、自分の体験の中で何が起こっているのかに気づくスキルをのばすことにあるのです。ですからインストラクターは、知識を与える人というよりも、体験させることができる人なのです。初期に特によくあることなのですが、参加者が求められていることを自分はできていないのではないかと落胆することがあります。しかしインストラクターは、起こっていることにただ気づかせることにいつも重点を置くのであり、何ができるか、できないかということについては気にしないようにさせます。先に申し上げたように、学んでいるスキルは、様々な意味で、私たちの直感に反しています。私たちは目的や目標を達成すべきであるという期待の中で育ってきました。しかしここでは全く違います。何の価値判断も下さず、ここで実際何が起こっているのかに気づくことを学び、体験そのものをより深く知ることが出来るようにするのです。他のことはこのポイントから続いて生じていくのです。

二番目の鍵となる原則はＭＢＳＲ（マインドフルネスストレス低減法）とＭＢＣＴ（マインドフルネス認知療法）プログラムで示されているように、思いやり（compassion）の気持ちです。どの段階でも、私たちが創り出そうとしている雰囲気は、開放的であり、価値判断をしない、思いやりのあるものです。初めは、ただ模倣することを試みました。後に、ウィリアムズとペンマンの『自分でできるマインドフルネス』から生まれたコースでは、その時々の状況に即したやり方で教えました。私たちは参加者が自分の体験について正直でオープンになることを学んでほしいと思っています。そしてこのことは、参加者がインストラクターは基本的に自分の味方であり、自分たちの問題について心から気にかけてくれていると感じる時、達成できるのです。

思いやりのある雰囲気の中で体験をさせるということを基に、形は様々ですが、全て関連性のある多くのエクササイズが行われます。毎週新しいエクササイズが行われ、参加者は七日のうち六日は家でもエクササイズを行うように言われます。その時はガイドとなるCD（『自分でできるマインドフルネス』付属）が使われ、次週にはそれらの体験を振り返ります。

エクササイズには三種類の決まった形があります。それらは重なる部分もありますが、八週間かけて、その三つの形式を徐々に行っていきます。これらの形を、「注意の集中」(focus)、「気づき」(awareness)、「思いやり」(kindness) の三つのタイプに分けて呼んでいます。

「注意の集中」のエクササイズは出発点であり、その後の部分の基礎となります。まず必要なことは集中です。すなわち、それは「錨」であり、もし、「立つ場所」という表現を好むなら、変わりゆく私たちの人生の経験の中で何が起こっているかに気づくことができる「立脚点」です。焦点を合わせるものは、動かないものなら何でもいいです。しかし、マインドフルネスでは様々な理由から、注意の集中をもたらす出発点として身体を使います。ゆえに、基本のエクササイズの一つには、身体の様々な場所に順番に注意を向ける能力を開発することが含まれます。これを「ボディ・スキャン」と呼んでいます。関連するもう一つのエクササイズは、自分自身の呼吸に注意を向け、そこにとどまっていられるか見ていくものです。最初、集中できないか、少なくとも、長くは集中できないと思います。長くはできないという場合、ほんの数秒しか続かないという人もいます。マインドフルネスで最初に発見するのは、心とはなんと活発なものなのかということです。まったく、心には自分自身の心があるかのようです。気がつくまで、あなたはその日のできごとや次の日の計画について長い思考の流れの先端にいるのです。けれども、マインドフルネスでは、このことに気がついた時、目覚めたことを喜ぶようにします。そして、その後、呼吸の場合でも、身体の場合でも、集中すべき所へ戻るようにします。

私たち皆が、自分にはなんと集中力がないのだろうということを知ることになるので、ここはとても挫折感を味わう局面になりえます。それに加え、自分が居眠りしてしまったことに気づく以外何もできないことをいらいらしながら確信するのです。今度こそうまくやろうという、歯ぎしりするほどの決意もうまくいかないように思えます。そして、人々は私に、何年も長くやっているうちに集中力がついてきたかどうかを尋ねます。それについて、私は、残念ながら、「そうでもないです」と答えなければならないのです。それでも、「目を覚ます」ことについては進歩があったと思っています。そして、確実に、日中に「気づき」の状態になることは上達したと思います。しかし、瞑想が「上達」したとは感じられません。ありがたいことに、実のところ、それが目的ではありません。目的は毎日の生活の中でもっとマインドフルな状態になることなのです。

注意の集中エクササイズ

この種類のエクササイズの基本的な考え方を知るために、自分で試してみることができます。それは五分ほどの時間でできます。やり方の指示を読んだら、本をわきへ置いてください。

まっすぐ、しかし、ゆったりできる形で座り、その方が楽なら目を閉じます。意識的に注意を自分自身の呼吸のほうに向け、身体の中で呼吸が出たり入ったりするのが一番はっきり感じられるような部位に焦点を当てます。速度をゆっくりしたり、速くしたりする必要はありません。しばらくの間、自分の呼吸に注意を向けていられるかどうかを見ていきます。心がさまようのがわかったら、そのことに気づいて、また呼吸のほうへもどりましょう。それだけです。これを試してみて、数分後に次を読み続けてください。

さあ、どうでしたか？　人によって、またその時の心の状態によって、あらゆることが起こったことでしょう。以前には気づかなかった自分の呼吸のあり様に気づくようになったかもしれません。また数分のうちに心がさまよい始め、慣れ親しんだ甘美な道をたどっていくのに気づいたかもしれません。どちらも、また、それが何であれ、みな普通のことです。あなたが気づいたことは全て、自分が意図的にある一つの焦点に注意を向けた時に起こることなのです。これがこのコースの最初の段階で取り組む集中のエクササイズです。

ここで集中力の進歩があまり見られなかったとしても、自分自身の体験の中で起こっていることにもっと直接的に気づくことを促すエクササイズに移っていきます。通常、集中を促すエクササイズから始め、次に、私たちが身体、感情、思考で体験していることにはっきり気づくエクササイズへと移っていきます。これも常に、価値判断をしないやり方で行われます。お互いに励まし合いながら、どの体験がいいとか悪いとか決めずに、それを体験としてただ気づいていきます。同じように、思考も見ていきます。自分が隣人に対して怒りを抱いている、あるいは友達に対して批判的な考えを抱いているとします。それをこの段階では自分の体験の中に存在する思考として見ることをただ学びます。ティーチング・セッションで、参加者が「なんて面白い！」と言うのを何度聞かされたことでしょう。しかし実際のところこれが重要な点なのです。自分が体験していることに、何も判断を入れず、好奇心と驚きを持ち込むのです。

気づきのエクササイズ

これは最初、これまでより難しく感じられるかもしれませんが、もう少しだけ長く呼吸に注意を向けることで、集中のエクササイズをさらに深めることができます。自分の心がさまよっていることに気づいた時は、何についてさまよったのかにただ気づき、そして呼吸の方へ注意を戻します。おそらく同じことが何度も何度も起こってくると思われるので、自分がいいと思うだけ長くそれを行います。今ここで先を読み続ける前に、実際にそれをやってみましょう。

今度は何が起こりましたか？　何に気がつきましたか？　何であろうと、それが気づきです。これはスタートとしては簡単すぎるように思えるかもしれませんが、これもまた私たちにとって最も深い事柄

が明らかにされるのです。同じようにふるまい、同じものに何度も引かれているのは心が何か特別な興味の対象の存在に気づいているのかもしれません。ここでもそこで起こっていることについて判断したり、分析したりする必要はありません。ただ気づいていること、そのことの価値は大きいのです。

三つ目は「思いやり」、あるいは「やさしさ」のエクササイズで、これは『自分でできるマインドフルネス』コースで教えています（特別の理由があって他のコースでは扱っていません）。あきらかにこれが宗教的なコースではなく、「一般向け」のコースに含まれているのは興味あることです。「やさしさ」をどのように「練習する」のでしょうか。人はどのように思いやりを学ぶことができるのでしょうか？　それはただ感じたり、感じなかったりすることではないでしょうか。思いやりとかやさしさとかが生じている時、実際はそれを感じているのではなく、自分あるいは他者への「やさしさ」という態度を発達させているのです。「やさしさ」が自然には生まれてこない人々にとって素晴らしいのは、それを練習し、学ぶことができるということなのです。私は13章で、このエクササイズを取り上げ、キリスト教徒にとってこれが何を意味するのかを詳しく見ていくつもりです。ここでは、コースの中の一つとして入っていることを述べるにとどめます。このエクササイズには想像の中で、まずは自分自身に向かって、次に自分が選んだ他者に向かって、やさしさと思いやりを表現する言葉を何度も言うというのが含まれます。このエクササイズをとても難しく感じる人もいれば、とても素晴らしいと感じる人もいます。しかし、私たち全てにとってこのエクササイズはコースの鍵となるものであり、他のエクササイズを彩るものとなります。

思いやりのエクササイズ

ここでも、簡単なものを試してみることができます。今いる場所で座り、目をつぶり、自分がそこに座っていることを頭に思い浮かべ、「私が安心して生きられますように。やさしさを知ることができますように」と何回か心の中で言ってみましょう。これを続けながら、この言葉がどのように感じられるかに気づいてみましょう。

何に気づきましたか？ 感動的だったかもしれません。あるいはそうでなかったかもしれません。ぎこちなく感じられさえしたかもしれません。あなたの中である種の反応をつくり出したかもしれません。何を感じたとしても、そこで行っているのは自分自身へのやさしさという態度を育み始めたにすぎません。長い道のりですが、始めるということがどんな感じなのかを知るのは価値のあることです。

以上は八週間の中で私たちが教える三つの基本瞑想です。もちろん目的は、人々が上手に瞑想できるようにすることではありません。日常生活でもっとマインドフルになるようにサポートすることが目的です。そこに利点が生まれるのです。私たちは他にも多くのエクササイズを加えています。それは、その日の始まりか終わりにするような型通りのエクササイズと、日常生活との間のギャップを橋渡しする助けになります。その中には「三分間呼吸空間法」(three-minute breathing space) と呼んでいるものがあります。これはちょっとした時間をつくり出せれば、一日のどの時間にでもできます (実際は正確に三分間である必要はありません)。また「マインドフルな活動」というものもあり、そこでは簡単な作業をしてもらいますが、よりマインドフルな状態でおこなうものです。また「習慣を手放す」ワークもあり、これはとてもおもしろいものです。習慣になってしまっていることに気づけるように工夫されています。何かをやる時のちょっとした習慣を変えることで、これまで出会えなかったような全く新しい経験に開かれるかもしれません。

八週間コースがどんなものであるかを知っていただくために、猛スピードで説明してきました。マインドフルネスをもっときちんと体験したいと思われるのであれば、訓練を受けたインストラクターが行っているコースに参加することを強くお勧めします。あるいはこの本の最後に掲載しているコースに当たってみてください。

私は四年間、教会の小教区の中で題材をほとんど脚色したりせずに『自分でできるマインドフルネス』コースを教えてきました。私は初めに、霊性の要素を混ぜ入れずにマインドフルネスの良さができるだけはっきり伝わるようにしようと決心しました。しかし、私はまずその夜を神に捧げることから始め、どんなことが起こっても参加者を気づかってくださるようにと祈ることで神を信頼するように参加者を促し、そして祝福で終えるようにしています。教えることは、やりがいがあり、おもしろく、とても達成感のあるものでした。本当の喜びは、感想をもらい、多くの参加者（決して全員ではありませんが）が、マインドフルネスが彼らの人生にどんなにか違いをもたらしたか話してくれるのを聴くことでした。そして、重要なことですが、これは多くの人々にとって本当に効果のあるものです。しかし、一人のキリスト教徒が八週間コースの終わり近くに、こう言ったのです。「そうですね、確かにマインドフルネスの情緒的、心理的な効果はわかります。でも霊的な面についてはどうなのですか？」。その時は、私はこう言うしかありませんでした。私たちは自分が学んだものを自分の霊性に組み込んでいくので、自分自身のために答えを見つけ出すのは、あなた、そして私たち自身なのです、と。ある意味、私はまだそこで立ち止まっている状態なのです。しかし、キリスト教徒にとって、これは繰り返し生じてくる問いのように思えます。この先、この本の中で、可能な答えをいくつか示していこうと思います。

第2章　キリスト教の伝統におけるマインドフルネス

Mindfulness in the Christian Tradition

キリスト教的観想の伝統におけるマインドフルネス

ジョン・カバット－ジンが最初にマインドフルネスを認めた人物だとしても、彼がマインドフルネスを発明したのではありません。「マインドフルネスはアメリカで二五年前に発明された」との誰かのいいかげんな発言に、仏教徒である友人の一人は「たぶん君は大陸を変えて、ゼロを二つ付け足すべきだろう」と答えたことがあります。

しかしマインドフルネスに非常に似たものがキリスト教伝統の中にも、始まりからずっと見られると、当然ながら多くの人が論じています。私たちはそれをマインドフルネスとは呼んできませんでした。私たちはそれを「沈黙の祈り」(silent prayer) あるいは「観想の祈り」(contemplative prayer)、「砂漠の伝統」あるいは「神秘神学」(mystical theology) と呼んできました。このような祈りはイエスに始まり、聖パウロを経て、現在に至るまで連綿と続いてきました。キム・ナタラジャ (Kim Nataraja) は著書『心への旅[3]』(*Journey to the Heart*) でキリスト教的観想の伝統が時代を通じて発展してきた様子を非常によく説明しています。彼女は、〈東洋へ行き〉、東洋的スタイルの観想の伝統を体験し、おそらくキリスト教的マインドフルネスにもっとも近づいた二〇世紀の四人について著書の章を割いています。その四人とは、ビード・グリフィス（Beda Griffiths）〔英国人。ベネディクト会修道司祭。南インドのアシュラムでヨギとなった。一九〇六―一九九三〕、アンリ・ル・ソー（Henri Le Saux）〔フランス人。ベネディクト会修道司祭。インドでヨギとしてヒンズー教との対話に貢献。一九一〇―一九七三〕ヒンズー僧名スワミ・アビシュクタナンダ（Swami Abhishiktananda）、トマス・マートン（Thomas Merton）〔米国のトラピスト会修道司祭。霊的著作家で禅にも接近。一九一五―一九六八〕、そしてジョン・メイン（John Main）〔英国人。ベネディクト会修道司祭。マレーシアでマントラ瞑想を学び英国、カナダで普及に努めた。一九二六―一九八二〕です。アントニー・デ・メロ（Anthony De Mello）〔インド人。イエズス会司祭。東洋と西洋の霊的伝統を学び祈りの方法「サダナ」を編み出した。一九三一―一九八七〕、またごく最近ではマーティン・レアード（Martin Laird）〔米国人。アウグスチノ会修道司祭。教父時代の観想の祈りの研究者・指導者〕もマインドフルネスの実践と合致したスタイルの祈りを教えています。これらの人々はすべて西洋の伝統を持ち、東洋の霊性から影響を受けたキリスト教徒です。そして彼らは必ずしもマインドフルネスが仏教につながっている必要はなく、東洋由来のより広い意味の霊性とつながるものであることを述べています。これは、マインドフルネスを行うのに、仏教徒あるいはヒンズー教徒でなくてはならないということはなく、キリスト教徒であることも可能だということです。

ですからマインドフルネスは私たちの伝統と異質なものではなく、キリスト教の著作にも広範囲に重なるところを見出せます。それでもなお、私は東洋的影響と科学的適応性を持つマインドフルネスは、キリスト教に非常に貢献できると感じています。実際、私はさらに推し進めて、（特に西方様式の）キリスト教はマインドフルネスの持つ洞察を直ちに受け入れる必要があることを述べるつもりですが、ここでは特に三つのことを指摘しておきたいと思います。

第一に、西方教会は、私たちの経験を全く信頼しないといわないにしても、経験に対しては、かなりの警戒心を持ちながら、知性の優位を強調します。西洋における知性の伝統は間違いなく誇ることのできるものです。一方、そこには同等の危険性もあり、霊性を、神についての純粋で、美的で、〈正しい〉考えとして捉え、主に頭の中で生じるものとみなす危険性があるのです。これは確かに霊性の一部分ですが、頭が私たちを神に出会わせてくれるわけではありません。その理由の一つは、神は常に私たちの考え、アイデア、イメージを越える存在であり、また、一つには私たちが必要としているのは神を経験することだからです。それに、私たちの頭は経験の非常に限られた部分しか表せないのです。マインドフルネスは、各々の瞬間に体全体に生じる経験の持つ重要性と価値にたえず注意を向けることによってこのアンバランスを是正する助けとなります。

第二に、西方教会の伝統は、概して、体に対して物質と同様に否定的な態度をとる歴史を持っています。私たちは、体と体の持つ欲望が、心が持つ純粋性と優位性から私たちを誘い出し、問題を引き起こすと捉えてしまいがちです。しかし神は私たちを心と体を持つものとして造られました。さらに、神は私たちをこのように造り、その私たちを「よきもの」と宣言されました。マインドフルネスの伝統は、体に対して大いなる尊重を示し、判断を加えない注意を向けることで心と体の階層的な分断を乗り越え、心と体を一つのものと見るのです。実際、マインドフルネスは、様々な状況に対し、多くの場合、鍵を握っているのは体自身の「知性」であるという可能性を開いてくれるのです。いくつかの祈りの伝統で用いられる「言葉による祈り」ないし「フレーズによる祈り」と比べて、マインドフルネスでは呼吸や体に焦点を当てることが強調されますが、それは体自身の「知性」に至るという重要な部分なのです。もっとはっきり言えば、私は、マインドフルネスが、直接に神に向かうのではなく、体に焦点を当てることで、知性のレベルではなく、経験のレベルで神に出会うためにスペースをつくることになるのかどうか知りたいとさえ思うのです。けれどもこの点についてはこの先、本書の中でさらに詳しく触れていくつもりです。

　第三は、西方教会の教えでは、個人の罪と裁きについて強調しすぎるという問題を検討する必要があることです。私は、私の行為が私自身と他者の双方に害を与える場合があることを十分に分かっています。またそのような行為がしばしば心に由来するものであったり、体の衝動を伴うものであることも分かっています。しかし今日、多くの人が証言しているように、このような事柄が話されてきた方法と、それによって引き起こされた罪悪感や恥意識は、実のところ生活の改善にはつながらないということです。事実、そのようなものは非常に有害な形で自分の内面を抑圧し、拒絶し、恥に結びつくようになっていることが多いように思えます。一方、マインドフルネスは、自分自身について、また考えや体の衝動について判断を加えることなく気づかせてくれます。このような事柄や、それがもたらすかもしれない結果について、いっそう明確に気づくことは、恥意識や抑圧に導くのではなく、よりよい行動の選択へと導いてくれます。依存症の場合もマインドフルネスの実践が助けとなることが明らかとなっています。

これら三つの問題はこの数世紀の西洋キリスト教の発展に著しくみられる「二元論」の形です。徐々に私たちは、そのような傾向は、より初期の信仰形態からの逸脱であり、全体性（wholeness）への道を進む助けにならないということが分かってきました。

とはいえ、私から見て福音書は霊性について一層ホリスティック（holistic）な取り組みに満ちています。そこでこの章の後半では、マインドフルネスとは一体全体何なのかを説明する鍵だと思われる福音の物語を探ることにします。

福音書におけるマインドフルネス

「目覚めよ」のたとえ

「そこで、彼は我に返って言った。『父のところでは、あんなに大勢の雇い人に、有り余るほどパンがあるのに、わたしはここで飢え死にしそうだ』」（ルカ一五・一七）。

放蕩息子のたとえは素晴らしい物語であり、また私たちが探ろうとしている気づきの意味を完璧に説明してくれる物語です。皆さんは、通常の意味で、目覚めた状態の時に、突然「我に返る」という体験をしたことがあるでしょうか？　たとえば皆さんは何も考えずに（あるいは考えていることに気づくことなしに）運転していたところ、突然、心の中で新聞配達の新料金のことを街角の店の主人と話しこんでいたことに気づいたことがあるかもしれません。おそらく、皆さんが最初に気づくのは、ある感情を伴って叫んでいる自分の声でしょう。「しかし、それは馬鹿げている。今まで一度もそんな請求をされたことなどないのに」。そして、突然自分がどこにいるのか、また、いったいどのくらい長くそのことについて考えていたのかに気づきます。これが、より深刻なレベルで放蕩息子に起ったことなのです。

放蕩息子はある決心をし、その決心に従って家からかなり離れたところまで、非常に長い旅をしました。彼は、ある面では、旅について、食事と宿について注意深く考えなければならなかったでしょう。また、自分のお金をどのような楽しみに使うか、そして道中で必要な様々な取引についてもかなり慎重に考えなければならなかったでしょう。つまり、彼の脳はおそらく非常に効果的に働いていたのです。しかし、別の意味からするならば、どこへ行こうとしているのか、結局どこにたどり着くことになるのかまったく気づかずに彼は夢遊病のように歩いていたのです。これは読者には、特にこの物語をよく知っている読者には明白なことでしょう。どうして彼は何が起こっているかがわからなかったのでしょうか。そして、ある観点からするならば、私たちも皆同じなのです。たとえば、自分の鼻先で何が起こっているのかほんの部分的にしか気づいておらず、自らの経験の持つ全容についてもほんのわずかしか悟っていないという点からするならば同じなのです。

放蕩息子の場合、彼がまったくの貧困に陥った時に、聖書が記すように「我に返った」のです。別の言葉で言えば、彼が夢から「目覚め」、自分がどこにいたのか、自分が何をしていたのかに気づく時が来たということです。そうしてその時になってようやく、彼は、自分には選択肢があるという事実に気づいたのです。彼は自分がしていたことを続けることもでき、一方、父の元に戻り、やり直すこともできるということに気づいたのです。

私たちはほんの少ししか目覚めていません、ほんの少ししか……。もし私たちが神を知りたいと望み、私たちに対する神の意志を知りたいと望むなら、私たちは自分がどこにいて何をしているのかに目覚める必要があります。しかしどのようにしたら、そうすることができるのでしょうか。時には、目覚めるためには、トラウマ的な出来事を必要とし、多くの場合、悲惨で痛みを伴うことがあります。しかし、もし私たちが目覚めるためのエクササイズをするならば、どれほどよりよくなることでしょう。

放蕩息子のエクササイズ

携帯電話のアラームを一日の中でランダムな時間に設定します。あるいは、こちらのほうがおすすめなのですが、誰かに頼んで、あなたには、アラームがいつ鳴るのか分からないように設定してもらいます。そして、アラームが鳴ったら、その瞬間を目覚める時にします。意図的に自分が「我に返る」ようにしむけて、今、自分がどこにいるのか、何をしているのか、どんな考えが心の中を行きかっているのか、そしてどんな気分があるのかに気づくようにします。次に、自分にはどんな選択肢があるのかに気づくようにします。今までしていたことを続けることもできます。その一方で、別の選択をすることもできます。何を選ぶかはそれほど大きな問題ではありません。大切なポイントは、自分に目覚めることであり、選択肢が目の前にあると分かることです。

私が教えているコースでは「祈りのペア」をつくります。参加者がペアになり、お互いの携帯の番号を知らせ合います。それから、ペアは、一日に一回ないし一週間に三回、「+」と書いたメールを定期的に送るようにします。このエクササイズの効果が二重にあることに私は気づきました。一つは、誰かがその時点で私のことを思ってくれていると励みになることです。もう一つは、メールを受け取ることが目覚める機会になるということです。自分の感覚に気づき、自分に何が起こっているのか、その経験に気づき、どんな選択肢が目の前にあるのかに気づくようにします。

「あること（being）」と「すること（doing）」の一場面

「必要なことはただ一つだけである。マリアは良い方を選んだ」（ルカ一〇・四二）。

イエスのマルタとマリアへの訪問の短い物語は、イエスの活動的な生活よりも、観想的な生活の方を重視する人々によって特に頻繁に引用されます。イエスは二人の姉妹間で非常にはっきりとした判断を下しているように見えます。仕事に取り組んでいる方ではなく、イエスの足元にただ座って聞き入っている方が好ましいとの判断です。「しかし」と、私たちの多くは抗議するでしょう。「私もただ座って聞きたいのです。でも料理が勝手に出来上がるわけではありません」と。あるいは、（テレビに縛られたティーンエージャーの笑えるバージョンでは）、「君が座って瞑想している間、ビールが勝手に冷蔵庫から飛び出して僕の手にやってくるわけじゃないよ」と。

もちろん、これは非常に大事なポイントです。私は、ある説教者がついに、「私たちは誰でもマリアの部分とマルタの部分を持っています」と言ってくれ、この聖句が私に分かるようになった時のことを今でも覚えています。私たちはどちらか一方ではありません。たぶん、この点を生活上の二つのスタイルとして理解すべきだと思います。確かにしなければならない仕事があります。しかし、私たちの人生が次から次へと仕事をこなすことだけで終わってしまうとするなら、このような人生に何の意味があるでしょうか。私は、イエスが、仕事をこなすよりも、座って聞いているほうが本質的にいいと言っているとは思えません。イエスは、生活には二つのスタイルがあり、どちらも必要だが、マリアのスタイルは根本的に大切なものだと言っているように思えます。時間を取って座り、私たちに対するイエスの言葉に気づくことは私たちの出発点となるべきものです。全体像に充分に気づくようになることは、急いで物事にとりかかる前に第一にすべきことです。

問題なのは、「何かをする」というのは誰にもわかることなのですが、座って聞くということは

（そうするチャンスがないと不満に思うかもしれませんが）少しばかり理解しがたいことなのです。そこで、今一度エクササイズをすることが必要となります。そして興味深いことに、エクササイズを通して、状況に気づく能力と共に、イエスの言葉に気づく能力も育てることができるのです。それは仕事をしている時でさえ、育てることができます。マインドフルネスはこのような気づきを育む助けとなります。

マリアとマルタのエクササイズ

今度、家の中で単純だけれど必要な仕事の一つ、例えば皿洗いをする時があったら、しっかり気づきながらそれをすることができるかを見てみましょう。まず、仕事そのものに気づくようにします。そして取り組んでいる仕事の細かなところにも気づくようにします。例えば、手に触れている温かい石鹼を含んだ水の感覚、お皿の模様、食べ残したものの形状など。そして自分自身とその時抱いている考えに気づくようにします。自分が一員を担っている、より大きな取り組み（例えば、家庭の調和）についての考え、今していることは正しいとか正しくないなどのあなたの自覚、それによって利益を得る人々のこと、さらに今この瞬間あなたに対する神の言葉について気づくようにします。

マリアとマルタの両方の傾向をある程度同時に生きながらも、普通に活動に取り組む時よりももっと、私たちの中のマリアに重点を置くことができるでしょうか。

預言者――「道をひらく」

「主の道を整え、その道筋をまっすぐにせよ」（マルコ一・三）。

洗礼者ヨハネとイエスは、マインドフルネスと祈りの関係、あるいはマインドフルネスと神のわざの関係と言えそうです。ヨハネは人を救うために来たのでも、自らのわざをなすために来たのでもありません。そうではなく、救い主が訪れる時、その到来の時に人々がイエスの与えようとするものを受け入れる心構えが備わっているように、それを助ける者としてきたのです。

マインドフルネスそのものは物事を解決しません。そうではなく、マインドフルネスは、適切な場合には、物事を解決できる場（space）を開こうとするものなのです。事実、マインドフルネスは物事を解決することについてではなく、自分を救う場は自分にはないことを知るように教えるのです。マインドフルネスは物事を明るみにし、関心を明確にするスキルを教えてくれます。それによって、しかるべき時に、神のやり方で物事が解決され、元通りになるようにしてくれるのです。イエスは隠されているものがどのようにあらわとなり、秘められたものがどう明るみにもたらされるか（マルコ四・二二）について語りました。これこそがマインドフルネスがなそうとすることです。物事が光のもとであらわとなる時、神が物事の一部となっていくチャンスが訪れ、癒しや「解決」が到来するのです。

洗礼者ヨハネのエクササイズ

これは思考あるいは祈りのエクササイズです。自分の生活の中で、おそらく解決が必要と思われる何かを思い起こします。次に自分が洗礼者ヨハネの役割を演じられるかどうかを見ます。すなわち、その状況の解決策を実際に自分で見つけたいという誘惑に抵抗することです。その際、たくさんの解決策が無意識のうちに心に現れてくるのに気づくかもしれません。そして、その状況をより明確に、いっそう深い理解を伴って把握することができるかどうか、その状況をただ見つめるようにします。自分の役割を含め、そのシナリオの中で演じている様々な人の役割をしっかり見つめます。しかし、これについて何らの結論も出さないようにし、その状況を、可能な限りしばらくの間、ただ神の手に委ねます。そして何が起こるかを見ます。このように、私たちは物事を整え、道を準備しますが、神のわざは行いません。恵みの働きのために場所を空けておくようにします。

そしてさらに

私がマインドフルネス・コースを終えたばかりのキリスト教徒中心のグループに以上のような聖書の言葉の分かち合いを始めると、マインドフルネスとつながるであろう他の聖書の言葉がいくつか心に浮かび始めました。以下、その聖句のいくつかを示します。

・思い悩まない方法を学ぶことについて　「空の鳥をよく見なさい。種も蒔かず、刈り入れもせず、倉に納めもしない。だが、あなたがたの天の父は鳥を養ってくださる。あなたがたは、鳥よりも価値あるものではないか」（マタイ六・二六）。

・今この瞬間に生きることを学ぶことについて　「イエスは『時は満ち、神の国は近づいた。悔い改めて福音を信じなさい』と言われた」（マルコ一・一五）、「わたしたちに必要な糧を毎日与えてください」（ルカ一一・三）。

・異なるやり方で（知的方法、あるいは認知的方法ではなく）、物事を理解することを学ぶことについて　「イエスはたとえを用いて話す理由を言われた。それは、『彼らが見るには見るが、認めず、聞くには聞くが、理解できないからである』」（マルコ四・一二）。

・肉眼の目で見ることを、目覚めること、そして霊的な視覚を受け取ることのたとえとして受けとめることについて　イエスが盲人の男をいやされた後の論争で（ヨハネ九章）、面白いことに、ファリサイ派の者にはそのことが分からない！

・ずっと初めから目の前にあることに気づいていることについて　エマオへの道の最後の所で、イエスがパンを裂かれた時に、ようやくそれがイエスだと気づいた弟子たち（ルカ二四・一三－三一）。

・「あること（being）」であって「すること（doing）」ではない霊性の根本的なダイナミズムについて　「イエスは言われた、『わたしにつながっていなさい。わたしもあなたがたにつながっている』」（ヨハネ一五・四）。

・ただ反応するのではなく、気づくためのスペースを生みだす知恵について　不義の罪で捕えられた女が連れてこられた後も地面に書き続けていたイエス（ヨハネ八・一－六）。

読者がマインドフルネスについて考え始め、目にする聖書のそれぞれの言葉にマインドフルネスを読みとろうとする時、もちろんリスクがあります。しかし、イエスの霊性から道をそれてしまうとみるよりは、イエスの霊性の中心部にまさに入り込んでいるとみるほうに一層信頼を置くのがよいと思えます。

第3章　マインドフルネスへの私の旅

My Journey to Mindfulness

第1部の最後の章は、私自身の物語になります。これは違った観点からマインドフルネスを眺めるもう一つの方法と言えますが、マインドフルネスがどのようにして一人のキリスト教徒の人生にとり、とても重要なものになっていったのか興味深いものとなるでしょう。そこで、私の信仰がどのように始まり、そしてキリスト教徒としての人生の生き様を求めたおよそ三〇年後に、どのようにしてマインドフルネスを、私の霊的な実践の極めて重要な扉であると考えるようになったのか、さらにどのようにして、教会全体にとっても極めて大切な賜物となりうるのかを話します。

「すべての始まりは難しい」。これはチャイム・ポトク（Chaim Potok）の小説『はじめに』（*In the Beginning*）[4]の出だしの文章です。この言葉はいつも私の心を動かし、私を自分に立ち戻らせてくれます。というのは、幾分かは語り手の思いやりのこもった声のひびきのせいであり――この言葉は昔かたぎのユダヤ人である父親が、新しい学校に困難を感じている息子デイヴィッド・ルーリーに語った言葉であり――、今一つにはその本自体が私の心を深く動かし、表現するものがあり、私自身の信仰の探求について、今でもなお、何かを表現し続けているからです。デイヴィッドは成長するにしたがって、自分自身のユダヤ教信仰のルーツ——始まり——を探求したいという望みが増し、ルーツの探求を通して、急速に変化する身の回りの世界の中で、自分自身の信仰に生きる道を見つけたいと望むようになります。マインドフルネスに関するこの本の土台を据えようとしている今、この言葉が私の心に浮かんだ一つの理由は、「自分のいるところから始める」という意図が、マインドフルネスの原則に埋め込まれているからです。それは多くの場合、とても難しいことなのです。私は、今自分がいるところを避けようとしたり、今の時点から始めても、信仰あるいは人生の先が見えないという単純な理由でどこか別のところから始めたいと望みがちになってしまいます。しかしこれは最初の福音(good news)です。すべての始まりは難しい、しかし、少なくとも、私たち誰もが始めることができるのです。というのは私たちがどこにいようとも、私たちが何者であろうとも、そこが出発点なのですから。

自分のいるところに十分に気づくようになることとは、マインドフルネスの実践に助けられてできるプロセスです。これはとても重要であり、私が時間をとって、自分自身の始まりとなるものを言明する理由です。これはマインドフルネスについての個人の物語であり、マインドフルネスがどのようにキリスト教徒にとって価値あるものとなりえるのかの物語です。これはまた実践的であり、私自身の二つの経験に根ざしています。一つはキリスト教の伝統における霊的生活の探求に三〇年費やした経験であり、そしてもう一つはマインドフルネスの認定インストラクターとなっているという経験です。私は自分自身がそのどちらの専門家であるとも思っていませんが、両方に対する正直な奮闘者であり、探求者であると思っています。

私もまた、いつも、始まりが難しいことに気づいてきました。しかし同時にワクワクし、可能性にあふれていることにも気づいてきました。私は、自分が何を探しているのかがいつもはっきりしていたわけではないのですが、これまでの人生で、常に何かを探求してきました。「心の動揺に対する平和?」「その通り」「不確かさを伴う自分の不安に対抗する安心感を求めて?」「その通り」「満ち溢れる人生の充実感を求めて?」「もちろんその通り」。さらに、意味を求めて、目的を求めて、チャレンジを求めて、生きる実感を求めて、このすべてに「その通り」なのです。本を読むときや映画を選んで見ようとするとき、いつでも私は自分と同じような人生経験の人物を探し、また私に新しい世界を開くことができるような人物を、またもや、求めているのです。そして、いつも私は、あらゆるものの始源であり、作者であると思われる神を探し求めています。あらゆる新しい経験は、新しい可能性であり、それはもう一つの新しい経験を見出すだけでなく、全ての経験の中心と根本となるものを見出すために、一枚の層をはぎ取っていくという希望となるのです。『はじめに』には見事な一句があります。デイヴィッドは散歩していて、道から急斜面を滑り落ちます。彼は必死でよじ登り、道の上に戻ろうとします。けれども彼がいくら努力してもそれは大量の土を移し替えるだけ、あらゆる種類の根や種やあらわれ出る植物に身をさらすだけのことでした。これは、「真下に何があるのか」「真上に何が横たわっているのか」「上の層に影響を与えているのは何か」という生涯にわたる彼の探求の象徴なのです。これは、いかに彼の信仰が、彼自身にとって、徐々に本物になっていったのか、また彼の父親が生きた、独特の信仰の道を受け入れようとする悪戦苦闘にもかかわらず、どのようにして、伝統的ユダヤ教徒である父親の信仰を自分のものとするに至ったかの象徴なのです。

この基本的な話の枠組みは徐々に私に明らかになってきたもので、私自身の人生の旅の中にも読み込みたいという気持ちを起こさせるので、……そうします。私が今いるところは、これまで道を歩む中で、何度も何度も変更してできあがった結果であり、ある意味で、その変更すべてがここへ通じていたと思えるのです。その変更のすべては、私が今、疑うことなく存分に評価している「気づき」(awareness)の感覚と「あること」(being)の感覚へと至る道のすべてのステージであったと思えるのです。

この旅のすべては、ごく普通に教会に通う家族から始まりました。私の両親は、もし私の意味することが分かっていただけるなら、自覚のあるキリスト教徒というより、むしろ「英国国教会」の人ということでした。数年間インド軍で過ごしたことのある私の父は、自分はキリスト教徒であるよりヒンズー教徒だと私に言ったことがありました。しかし、明らかに、ヒンズー教徒風の英国国教会員でした。この類の信仰についての、私の最も早い時期の記憶は、おおよそ肯定的なものでした。規則正しさ、親しみやすさ、型通りの慣習は、私に秩序ある感覚と安心感を与えてくれました。そしてそれらすべてはよかったのです。しかし、もちろん、一〇代半ばまでには、つまらないものになりました。私は人生や自由を探し求めながら、また反抗に心を向けていました。私はこの段階で何らかのルーツを見出すことに関心があったのではなく、全てを投げ捨てたいと思っていたのです。

この状態は、あるキリスト教徒のロックバンドが私の学校にやって来て、私に二つのものを与えてくれるまで続きました。一つは、もはや国教徒のものでも、体制側でもないキリスト教のイメージでした（このようなイメージは一九六〇年代からイースト・ロンドンのヒッピーの中で薄れていきました）。もう一つはキリスト教の信仰が、実のところ、私が深く憧れていたこと、愛される感覚に関わるものであると突然気づいたことです。私は、イエスが私を愛していると教えられました。そして、私を、他でもないこの私を愛してくれているこの方と、ある意味で個人的な関係、いや、それ以上に、親密な関係さえ持つことができると告げられたのです。こうして、最初の層が取り除かれました。それは、他のすべての人と同じように、これまで私が真理であるとさえ思っていなかった真理に新たに気づくこと——すなわち「目覚めること」によって取り除かれたのでした。私はこれまで、神あるいはイエスが、私を愛しているかどうかということを明確に問うたことがありませんでした。私はただ自分の世界の中で、いささか迷っていて、このような愛の可能性を考えたことすらなかったのです。そこで、目覚めた最初のものは、実は自分が探し求めていなかったものでした。しかし、それはただ起こり、私がそこにおり、そして両手でつかんだのです。私はスピリチュアルな探究の中で、初めて意識的で、意図的な行動をとったのです。しかし決定的なことに、それは愛について、また活き活きと生きることについてでした。

その後の数年間の私のスピリチュアルな実践は、「静寂の時」(quiet time) と呼ばれるものでした。それは聖書の一句を読んで、それについて内省し、それから内省したことについて、神に語りかけるというもので、大抵、ある系統だった方法で行いました。私の場合は、このやり方から、結構早い段階で、日記をつける(journal-writing)スタイルに移りました。聖書の箇所を読み、可能ならば聖書の注記にある短い注釈を読み、そのあとで日記に自分の考えを書き込むということをするようになりました。そして、時に、何ページにも至ることがありました。それらはテキストを理解しようとする試みでした。しかしそれ以上に、私は、聖書のテキストで読んだ理想からはかけ離れているように思える自分の体験を理解しようとしていたのです。私は一〇代後半の青年によくある心配、不安感、時に生じる落ち込みのあらゆるものを経験しており、聖書の光のもとで、それを書くことは、しばしば慰めとなるのでした。

しかし同時に私の実践には明らかに答えが不足していました。私がその当時出席していた教会の礼拝とそこで感じた愛は、私にとってとても大事なものでした。しかし、私が尋ねた問いに対して「教会から」与えられた答えは筋が通ったものと思えましたが、経験するはずであると感じられることと、私の内的でパーソナルな生活の中で実際に起こっていることの間で、板挟みになっていました。私は「内的でパーソナルな生活」と言いましたが、自分がしたいと思ったことに従って、そのまま生きる勇気を持つ者の一人ではなかったからなのです。それにもかかわらずそれに取り組みたいと強く望み、かつ私が実際に感じていることと、感じるはずだと思うことを和解させる方法を見つけることができないでいました。清らかに生きようとするこのビジョンを私は与えられていたのですが、私は清らかではないとわかっていましたし、どんな赦しも、助けとはならないように思えました。

結局、私は〔教会を〕離れることにしました。新しい町に引っ越すことになり、この機会をとらえて教会にはまったく行かないことにしました。これはちょっとばかり怖く、心に新たな葛藤を生み出しました。私は心のどこかでまだ、神は自由と命にかかわる存在に違いないと感じており、そしてもし私に示されたその神が、私に自由や命を体験させることができないのなら、おそらくその神は、私が憧れ探し求めていた本当の神――「イエスが私を愛している」と初めて思った時に感じたその神――ではないと感じていました。

けれども後で分かったことなのですが、私が引っ越したアパートから二〇〇ヤード〔約一八〇メートル〕ほどのところに教会があり、その教会が私のスピリチュアルな旅の、新しく極めて重要なステージの始まる場所となりました。私は英国とローマカトリック双方の普遍的《カトリック》伝統の著作を探求し始めていました。そして、この教会で霊性というものの正式な表現を見出しました。でも、この教会で私にとってそれほど重要なものとは何だったのでしょうか。そうですね、一つの理由は、周囲は明らかに「清らか」(purity)ではありませんでした。私は生活が様々に崩れ、混乱した状態にある人々に囲まれていました。その都心部の教会の司牧の一つは、ホームレスへの対応であり、その多くがアルコールと薬物の問題、それに精神的な問題を抱え、しばしば、それら三つを同時に抱えていました。その現実から現れ出るメッセージは、もはや内的な清らかさなどではなく、内的にも、外的にも、様々な乱雑状態にある人たちと、ただ共にいて、互いを兄弟姉妹として受け入れることを学ぶということでした。第二の理由は、そこで行き渡っている霊性が、典礼と沈黙の祈りであり、私にとっては新しいものだったのです。私はこれについて、以前読んだことがあったのですが、〔教会で〕人々と一緒にしたことはありませんでした。

そこで、マインドフルネスに向かう私のゆっくりとした動きの中で、鍵となるのは二つの点でした。第一に、そして、もっとも重要なことは、自分がなりたいものになれないことを嘆くのではなく、自分のあるがままを受け入れる訓練をすることへ方向転換したことであり、また、第二は、語ったり書いたりするスタイルの祈りから、沈黙の祈りを学び始めたことです。

以後の数年間、私は「静寂の時」を始めた時と同様の献身的な心で、この新しいスタイルの祈りを探求し始め、実践していきました。私はその教会と関係している修道院にリトリートに行くようになりました。私は自分の生活のかなりの時間を沈黙の祈りに費やし、この伝統において入手できるあらゆる本を読み始めました。特に私は東方正教会の様々な著者による著作の中で「イエスの祈り」について読み、またスペインの神秘家として知られるアビラのテレサ〔女子の改革カルメル会創立者。神体験を受け霊的著作を残した。一五一五―一五八二〕や十字架のヨハネ〔男子跣足カルメル会創立者。神秘体験を深め数々の霊的著作を残した。一五四二―一五九一〕のような人々によって詳しく述べられた観想の伝統、すなわち神秘的祈りの伝統に関する著作を読みました。

「イエスの祈り」は私の祈りの生活の重要な骨格となりました。この祈りは、できればろうそく、あるいはイコンの前で座るか、ひざまずくかしながら、短い祈りを単純に繰り返し、繰り返し、唱えるものです。この祈りはいくつかのバリエーションを持っていますが、よく知られたものは、「主イエス・キリスト、神の子、罪びとの私を憐れんでください」という祈りです。私たちはこの祈りを木曜日の夕方、教会で一緒に唱える習慣でした。そして、リトリートのために修道院へ行った時は、毎夕これを唱えました。私たちは助けとして「祈りの紐」(prayer ropes)を使う習慣でした。これはロ一マカトリックのロザリオと同様のもので、輪になったウールの撚り紐の一〇ないし二五の結び目ごとにプラスティックの珠が付けられたものです。それぞれの結び目ごとに祈りを唱え、珠まで来ると、少し沈黙するか、「主の祈り」を唱えます。

この「イエスの祈り」は神学的な意味を持っており、その四要素はキリスト教の根本信仰を表現していると言われます。それは、「キリストは私の主である」「キリストは神の子である」「私は罪人である」そして「私は憐れみを願う必要がある」ということです。それはそうでしょうね。しかし、実際のところ、この祈りを唱えることで最も重要と思えるのは、この祈りは沈黙に入る道であり、その沈黙の中で、神と出会う可能性があるということです。「神秘神学」として知られた分野によるならば、神は言葉を超え、イメージを超え、神学を超えており、これらすべてが止んだ時にのみ、神を直接に体験する可能性がある、あるいは神についての真実な「知識」を知る可能性があるということです。十字架のヨハネは浄化(purgation)、照らし(illumination)、一致(union)という三段階の道について語っています。この三段階は単なる理解ではなく、経験しなければならないのです。ですから、神を「知ること」は「一致すること」、つまり神に関する神学上の考えを理解することではなく、むしろそれは体験上の結びつき(experiential relationship)なのです。

大人の世界で自分の道を見つけようとし始めた数年間を通して、私をつなぎとめていたのは、この祈りの実践だったと言えます。心理的に最も安定した養育期を過ごせなかったので、私の心には何か不安定なものが残っていました。私は内面の静寂を見出せるよう、神の前に、ただいるという場所が必要でした。一週間に一度、およそ一時間を限度に、祈りの時間を設けるようにしていました。そして、私は今でも、約一五分前後の間に生じた深い静寂の感覚を覚えています。読者は、おそらくわずかな静寂のために、そんなにも長い時間がいるとはと言うかもしれません。しかし一度それを経験すると、それはまったく努力するに値することだということに気づきました。ここにおいて「私は愛されているという知識」が体験となり、素晴らしいことに、私はもはや内面の汚れ（impurity）を感じなくなったのです。むしろ、そこには、愛に満ちた清らかなまなざしで包まれているという感覚がありました。そして、それで十分でした。これはその後、日常生活をしっかり生きるための源となりました。

二三年の間、結婚と育児、そして司祭叙階によって生じた大きな変化を通しても、この基本となる観想の種々のスタイルの祈りの実践によって私の生活は支えられてきました。私はただ生き延びるだけではなく、牧師補（curate）、次に共同司牧牧師（team vicar）となり、そして私が今も住んでいるオックスフォードの教区牧師（vicar）となることでその時々に目標を達成してきました。私は豊かであり、明らかに深まっていく霊性の実践を見出していました。その実践は、私を保ち支え、そして私の人生を途切れることなく豊かにしてくれたのです。ならば、なぜそこから移るのか、なぜ変わるのか？

そうですね。一言で言うならば壁にぶつかったのです。生活の歩みの中で、様々なものが変化してきました。そして「イエスの祈り」を唱えることを中心とした私の毎朝の祈りの実践が干上がってしまったのです。私が沈黙の祈りに入ろうとすると、いろんな考えが絶え間なくあふれ出てきました。アビラのテレサが「散心」(distraction) と名づけたものが、いまや私を圧倒し、沈黙の祈りを始めた時より、その三〇分後は、いつもいっそうひどい気分になって終わっていたことを思いだします。私が家族と朝食を食べようと現れる時、「気をつけよ!」です。今や、祈りは、気分をよくするようなものではまったくなく、かえって馬鹿げたものになっていることを知っていたからです。そしておそらく私の良識が、悩むのは、しばらくの間やめるようにと言ってくれたのです。私は朝の祈りは続けましたが、霊的読書をすること、そしてその後で内的日記を書くことに戻りました。それによって少しはよい気分に戻りましたが、スピリチュアルに自分がどこにいるのか、実際のところ何が問題だったのか不確かなままでした。

この経験の背景には二つのことがありました。一つは私の仕事上のストレスが著しく増加したことでした。このストレスの増加が、私のスピリチュアルな実践に影響していたのは、おそらく驚くようなことには思えませんでした。私の心にあふれ出てくる考えや発想はほとんどネガティブなもので、自虐的なものか、いくぶん解決困難なたぐいの問題を解決しようとする絶え間のない、あらゆる取り組みでした。沈黙の祈りの数年間を通じて見出した支えや指針は役に立たなくなりつつありました。神は私を見捨ててしまったのでしょうか。私はそうは思いませんでした。けれども沈黙の祈りが役には立たないことを知ったので、私は祈りをやめました。

もう一つの問題は、これまで私が決して解決することができていなかったものですが、罪と裁きに関するものでした。これは私たちキリスト教徒の間で話題のかなり中心を占めるものであり、また明らかに「イエスの祈り」の中心となるものでした。もちろん私は自分が不完全であることを理解し受け入れていました。つまり私が自己中心的な動機で行動すること、たびたび貪欲やプライドに動かされること、また私が愛に欠けていることです。そして私はまたこれらすべてが赦されていて、それによって私が毎日再出発でき、自分のベストを尽くせることも理解していました。けれども私は心の中で、そして、秘められた考えの中で自分を責め続け、落ち込むのでした。特に私がストレスを感じたり、小教区で何かが悪化しているように思えた時、私が間違いをしてしまったという考えに対処することはできたのですが、「だからお前は悪い人間だ」とほのめかす内なる声には抵抗することはできませんでした。これはかすかな声で、しばしば、ほとんど気づくことがありませんでした。けれども声はそこにあり、私を侵食し、時に私をほとんど麻痺させるのでした。これらは、すべて、ある期間、気分の非常な低下をもたらしました。私はうつの治療を受けはしなかったのですが、この傷つきやすさは私の生活のすべてにつきまとい、絶え間ないストレスを伴い、いっそうはっきりと浮かび上がってきました。自分自身についてのこのネガティブな考えは、常に人生のプロセスの鍵となっていましたが、結局、私はその考えについての答えを得ることはなかったのです。残念なことに、罪について語ることは、ネガティブな考えをいっそう悪くするだけで、あるとされていた赦しによる自由がもたらされることはありませんでした。

それで、家庭医（GP）である義理の妹がマインドフルネスについての本を貸してくれたのです。それは彼女が、その時の私の状態を知っていたからではなく、彼女がよいものだと思ったので、私がどう考えるかを知りたかったからでした。けれども、それは私への啓示でした。そこには、時にアビラのテレサと不思議なほど似ているように思えるだけでなく、自分の祈りでつまずいていた、まさにその場所への答えを示すように思える瞑想エクササイズのスタイルがありました。それ以上に、その本は、八週間にわたる体系的な方法で、瞑想エクササイズを教えることができると約束していました。それは完全に臨床的であり、信仰に無関係な枠組みに基づく本でしたが、そこにははっきりと私を惹きつける何かがありました。私は自分自身の苦闘への答えがあるとは思ってもいませんでした。事実、私はキリスト教の伝統的な系統づけられた教えのなかには答えがないと多少結論づけていました。なぜなら、問題のこの部分、すなわち罪と裁きの部分は、キリスト教霊性の核心に属するように思えたからです。しかし、ここには異なった角度から同じ課題に至るものがありました。マインドフルネスは祈りではないが、その科学的な洞察が、私を前進させる助けとなるのではないかと気づきました。私は自分を知的傾向において、神学者であるのと同じくらい科学者でもあると感じており、科学的な洞察に対して、非常に心を開いています。しかし科学的な洞察が、私の祈りの生活に影響を与えるものになるとは思ってもいませんでした。

私は、ここには探求を要する何かがあると気づきました。そして三か月のサバティカルの計画を立てる時期が来た時、マインドフルネスを中心に定めることに決めました。私は八週間のコースを申し込み、マインドフルネスに関する本をできる限りを読み、そしてエクササイズを始めました。そして、手短に言えば、役立ったのです！　私にとって、それは本当に役立ったので、その後、オックスフォード・マインドフルネス・センターの八週間コースを教えるトレーニングコースに申し込みました。その後、私は過去四年間、小教区で八週間コースの小教区バージョンを教えてきました。

　しかし、何が役立ったのでしょうか。それをこの本の中で説明できればと願っているのですが、マインドフルネスはキリスト教徒としての私を本当にいろいろな意味で助けてくれました。けれどもここでは、鍵となる二つの点をあげたいと思います。

　最初は「散心」です。散心についてのアビラのテレサの描写に従って、私はそれをいつも悪いものと感じていました。ですから、散心を抵抗すべき敵とみなしていました。というのは実際、散心は、私が祈ることを妨げていたからです。しかし問題は、散心と闘おうとすればするほど、散心がさらに強くなるということです。最後には、私がこれまで述べてきたように、散心が勝ちました。けれども、マインドフルネスでは、「散心」という言葉を使わず、代わりに「思考」と言います。ここでは、思考には何も問題がないことに気づかせてくれ、また、自分たちが学んでいるスキルというのは、思考を取り除こうとすることではなく、それに取り込まれたり、乗っ取られたりすることなく、ただその存在に気づくということであり、また、このような方法によって、思考はそのエネルギーと強度を徐々に弱めていくのだということを理解することができるのです。さらに、特定のエクササイズによって、その方法を学ぶことができます。私のストレス管理を上達させてくれたのは、とりわけ、これが多種の他の様々なエクササイズと組み合わせられているところにあると思います。それ以来私は一日中ストレスを持ったことがありません（実のところ、この最後の言葉はやや真実ではありません。しかし、ずっとうまくこなせるようにはなりました。ストレスの多い時であっても、私は物事をより素早くこなす可能性を持っています）。

第二は罪と裁きです。罪と裁きは、私をみじめな状態に閉じ込めているように思えました。すでに述べたように、他者に害となる行動があり、私たち自身を害する思考パターンがあることを私は信じています。しかし罪や裁きに対して持つ罪意識や恥意識という嫌悪感情は誰の成長も助けてこなかったように思えます。むしろ罪意識や恥意識は回避と拒絶という悪循環に引き込む傾向があるのです。マインドフルネスの価値判断しないという方法は啓示であり、恵みの意味と完全に一致しているように思えました。人生で体験するものは何であろうと、いいとか悪いとか判断されることなく、そのまま完全にありのままの状態で体験され、神の前に、そのままさらけだされるものになりました。次に、このことは、何がベストかを選ぶ機会を増してくれるように思えました。これによって私はさらに、自分自身を人間としていっそう完全に受け入れることができるようになり、自分のことを嘆き続けるのではなく、むしろ祝福することができるようになりました。

私はやがて、マインドフルネスを通して、たくさんの他の喜びを見出し、また答えられなかった問いに答えを見出すようになりました。これらは最初から私を惹きつけていた二つの鍵でした。もちろん、いろいろな意味で、私はまだ旅を始めたばかりであり、この始まりの感覚は、私にとっては、同じように大切なのです。

それで、私は自分のスピリチュアルな探求の旅の目的地に結局たどり着いたのでしょうか。そうですね、私はそうでないことを願っていますし、はっきりそれを疑っています。しかし現時点で、マインドフルネスに基づくエクササイズによって、私は生活の中に、神のためのスペースをつくることができ、ストレスに取り組む方法を転換させ、「命を豊かに受ける」〔ヨハネ一〇・一〇〕約束に、いっそう完全に自分自身を開いているのです。たぶんもっと多くのことが生じるでしょう。しかし今のところ、これで十分です。

第2部　信じることから知ることへ　From Believing to Knowing

ここまで、いくつかの基本的なことを説明してきました。ここからは、私の信仰についての、どうしても知りたい二つの問いのうち、最初の問いとマインドフルネスとがどのように関係があるかについてお話しします。その問いとは、「それは意味があるか？」というものです。あるいは私たちの主張、あるいはキリスト教信仰において使われている言語体系からどのような意味が引き出されるのかということです。

私が聖職者としての仕事をしている間、いつも、何かぎこちなさそうにしながらも、勇気をふりしぼり、やっとの思いで私のところへきた人がこうささやくことがよくありました。「ティム、私は自分が信じるべきとされているものを本当に信じているのかどうか自信がないのです」と。それから、彼らは不安そうに黙ったまま、私の言葉を待っているのです。私にはこの不安がどこからきているのかわかりませんでした。なぜなら、ほとんどの人が、自分が何を信仰するのかを、自分で決める自由がある時代に生きているからです。おそらく、教会が人々の信仰の在り方に意見をさしはさむ力を持つことが受け入れられていた前の世代からの遺物がいまも残っているのでしょう。それで自分が、まだ、教会の一員として受け入れてもらえるのかどうかを知りたく、息を殺して待っているのです。私は周りに誰か聞いている人がいないかこっそり見まわして、共謀者であるかのようにおどけたささやき声で、「私も同じです」と言うのですが、これまで一度も、それについて彼らが驚いた様子を見せるのを見たことがないのです。

人はどのようにして、信じるべきとされるものを簡単に信じることができるのでしょうか。それが教会の歴史の悲劇の時期ではないのだとしたら、むしろこれは喜劇であり、中世の異端者たちは、教会の公の教義に従う言葉をただ唱えることだけで、死（単なる死ではなくもっと恐怖に満ちた死）から救われるということになってしまいます。

私がその日の気分に合わせるために、地球は本当は平らであると主張することはありません。それと同じように、教会の定める教義が一人の人間の実際の信仰を変えることはないことを教会の権威者たちは理解すべきでした。

私自身の考えは、信仰とは、一連の言葉を暗唱することではなく、自身の体験の中で真実であるものを知ることだと思っています。何世紀もの間、教会が、公の教義の中で述べてきたことは、集合的な信仰についての重要な声明（statement）とその信仰の発展について説明してきたのであり、私たちが無理やり頭をひねって合わせなければならない拘束服を作ってきたのではないのです。

現在の私の教会では、いろいろな形で、このような告白をするために私のところへやってくる人がとてつもなく多くいるので、私は「トマス・グループ」〔ヨハネ福音書によると使徒トマスはイエスの復活を信じられず疑っていたので、そこから名づけられた〕と呼ばれるグループをスタートすることに決めました。すると様々な人がやってきました。自分が本当に疑い深い者に値するのかどうかわからないために、事前に私に電話をかけてくる人さえいました。しかしそのグループの鍵となる原則は、人々が自分の経験の中で真実だと心から感じていることについて、正直でいられる場所となるべきだということでした。そして何世紀にもわたって示されてきたキリスト教的信仰の主要な側面に敬意を払いながらも、探求心を持って関わっていけるように勇気づけられる場所になることでした。

神学校で私は「上からの神学」と「下からの神学」との違いについて教えられました。「上からの神学」というのは、真理は神から人間への啓示を通して伝えられるということが前提となっており、この啓示を受け取ることができる場所に自分自身を置くことが私たちの努めと考えます。一方、「下からの神学」では、人間の経験から出発し、この観点をもとに神についての真理に向かって努力して私たちは進みます。神の啓示についてどう考えるかによって、どちらにも重要な役割があります。トマス・グループは後者のアプローチに重点を置きました。

これが、私がこの第2部でどのように取り組みたいと思っているかということです。ここでは神学について全てを扱うスペースはありません。いずれにせよ、それは私の力の及ばないところです。しかしここで私が述べたいのは、マインドフルネスの助けによって、私がどのように神、イエス、そして聖霊を理解するようになったかについてなのです。これはマインドフルネスにとっては自然なアプローチです。なぜなら、これは自分の体験に気づくことが、いかに他のすべての利益につながるかについてであり、それはこの場合のように、頭の中で何かをただ信じることから、自分の人生の中にあることを実際に知ることへとシフトすることが、いかに信仰を豊かなものにしていくかの説明でもあるからなのです。

第4章　神は一、神は愛、神は今

God is One, God is Love, God is Now

神については昔からずっと多くのことが語られてきました。あまりに多すぎて私にはそれを包括的に考えてみることさえできません。しかし、これまでそれを試みてきた人々は、彼らの経験の中で自分自身にとって重要なことを偏重していたように思えます。その経験が自身の知的な経験だったとしてもです。そこで、神について語られてきた多くのことのうち、私がマインドフルネスをやってきた結果、思いあたった三つのことを選んでみました。「神は一である」「神は愛である」そして「神は今にある」の三つです。

神は一

「神は三」という主張と並んで、「神は一」という言葉は、神についての、おそらく最も基本的なものです。これはどういう意味なのでしょうか。私の長男がまだ幼かった頃、ある「三位一体の祝日」の日曜日、私は自分が話す予定の説教について思いめぐらしていました。その時、何気なく息子のほうを向いて「ピーター、神は三つだってこと知ってる?」と聞いてみました。すると彼は、自分が色を塗っていた絵から目を離すことなく、「僕も三つだよ」と言ったのです。彼はその時三歳でした。しかし、彼は今や二二歳になっています。しかし「神は三」のままです。ですから、これは私が言おうとした意味ではありません。ニコラス・ラッシュ（Nicholas Lash）は著書『一なる神を信じる三つの方法』（*Believing Three Ways in One God*）(5) で、私たちが「神は一」という時、それは「神は一歳」という意味ではなく、また、「三つの神」というのに対しての「一つの神」という意味でもないことを注意してくれています。ラッシュは実際、これは数を表すものではまったくなく、「一性」（unity）あるいは「不分割性」（undividedness）というようなことだと述べています。別の言葉で言えば、神には境界がない、すなわち、他のものと対峙して競い合う側面がないのです。神には多様性（diversity）はあります。そこに三という数字が入り込むのですが、それは神の創造物には多様性があるという意味であり、それぞれが調和的であり、階層がないという類の多様性なのです。

私たち人間が本来神のもとで単一の存在であるものをいかに常に分割したがっているのかに、私が経験の中で気づくようになったのは、マインドフルネスの実践を通してでした。恐れあるいは、支配したい、搾取したいという欲求のいずれかによって、人は物事を分割したいという傾向を持ちますが、そこには三つの方向があります。

まず、ひとつには私たちは自分自身を自分から分割します。聖書には、神は私たちを神の似姿として創造されたとあります。それは、私たちには多様な要素があるけれども、肯定的な要素と否定的な要素、あるいは好きと嫌い、あるいは霊的あるいは物質的など、小片として分割すべきではないということを意味しているように思えます。しかし、心理学者なら、私たちがどれだけ、自身の中で自分が不快だと感じる部分、あるいは恥だと感じる部分を抑圧し、自分あるいは他者が受け入れられやすい部分だけを伸ばすというプロセスを通して自分自身を分割しているのかを主張するでしょう。私たちは自分自身を分割しながら、私たちすべてを統一体として創造された「神の一性」に背いているのです。マインドフルネスを通して、自分自身の様々な側面を何も価値判断せずに注意を向け続けることは、分割されてしまった一性の関係を、もとに戻していくプロセスを始めることになります。

私は自分自身の埋もれた側面や、半分忘れかけた記憶や過去の経験と再びつながるにつれて、自分の体験の中でこのことが真実になっていくのがわかりました。気づきが広がるにつれて、全てが単一性という関係になっていきます。そしてその頻度が増すにつれて、「神は一」ということがどういう意味なのか分かってくるのです。この分割ということの一つの特殊な面は、私たちが自分の心（あるいはスピリット）を体と分離したものとして捉える傾向にあるということです。グノーシス派と呼ばれる初期の異教徒たちがいましたが、彼らは心あるいはスピリットは体より優れており、霊的な悟りというものは物質を否定し、霊的完全性の中に逃れることであり、そこでは体はもはやその人を引き戻すことはないという考え方を進めました。今の時代にもこの考え方をする傾向は残っていますが、これは明らかに、神が私たちを心身一体として創られた神の一性を深く損なうのです。体と心、この二つを分割することはできず、またそれをしようとしてはならないのです。しかし、私たちはそれをしています。おそらく、マインドフルネス全ての基礎となるボディ・スキャンには、私たちが自分の体とふさわしい形で丁寧につながることを復活させるためという大切な面があるのです。

二つ目に私たち人間は、心の中で、自分と自分以外の他者とを分割します。進化生物学者たちは、これは資源が乏しかった時代に生まれ、根深く植え付けられた本能であると言います。全員が生き残るには十分な資源がないという感覚があると、本能的に「自分」と「他者」に分割する方向に向かい、食物を獲得できる自分と、獲得できない他者と分けることを正当化します。「自分たち」は、私だけである場合も、自分の家族、種族、国、人種、性別、あるいは自分と同じ性的指向を持つ者を含む場合もあります。しかしどのようにケーキを分けたとしても、人類という一つの家族を創られた神のもとにおいて、本来一つであるものを分割しようとしているのです。

そして、再び、ここでは気づきが鍵になります。自分自身の経験に多く気づくようになるにつれて、全ての人々に共通する経験に気づくようになります。そして、自分たちを分割するための根拠が全くないということに気づくようになります。私が行っている手軽に立ち寄れる毎週のセッションでは、今や宗教的多様性を持つと主張することが可能で、無神論者、ユダヤ教徒、キリスト教徒、そして仏教に傾倒しているものが一堂に会し、同じエクササイズを行っています。私たちがこのように一緒にやれるのは、お互いに、自分の信じるものと他者が信じるものの中の違いの方に焦点を合わせるのではなく、マインドフルネスを行う中での共通の体験の方に焦点を合わせているからだと皆が理解しています。私たちは瞑想すると、みな自分の心があちこちさまようことを知ります。それは仏教徒であろうと、キリスト教徒であろうと、ユダヤ教徒であろうと同じなのです（自分だけではないのだと知ることは何と安心でしょう！）。ここで、自分たちに共通した人間性が見出され、私たち神を信じる者にとっては、神は一であることが語られるのです。他の異なる経験について、適正で価値判断をいれない注意を向けることで、次第に全人類が共に持っている一性の感覚を築き上げていくのです。そしてこの一性の感覚が強くなっていくと、資源が少ない時には、分かち合う方法を見つけるようになり、人を敵と味方に分断して征服する古いやり方に飛びつくのではなく、全てが生き残ることができる道を見出すようになっていくのです。

三番目に、私たちは自分たち人間と他の自然とを分割してきました。このことについては、14章で詳しく取り上げます。ここでは、私たちが自分自身との関係や、他者との関係に対してしてきたことと同じように、自然に対しても、対立的な意識を向けているということを述べるだけで十分でしょう。ここには「私たち」と「私たちではない人たち」の場合と同様に、「私たちではない」存在を劣ったものと考え、そこから私たち自身の目的のために搾取することができると考える意識があります。「私たち」というのは、ここでは人類すべてであり、「私たちでない」のは、残りの自然となります。それでも、神は一であり、すべての自然も一です。その一とは、もしある部分が、自分は一性を構成する部分ではないと決めるなら、システムが深くダメージを受けるというぐらい、完璧にバランスのとれたエコシステムの中に存在する一なのです。14章では、私たちが自分自身を自然の中で分割した場所から、ふさわしい方法で、私たち人間を、再び自然に結びつけるのに役立つマインドフルネスのエクササイズについて述べます。

神のもとで、すべては統一（unity）しているということを体験するというのはとても遠い夢のように感じられるかもしれません。しかしキリスト教の観想の伝統に垣間見られるものからは、とても励みとなるものがあるのです。例えば、アビラのテレサの宗教的恍惚体験や（これを彼女自身は聖なる融合と呼んでいます）、トマス・マートンが孤独の中で長い時間を過ごした後、雑踏に満ちた通りのなかで経験したすべての人間との合一体験などがあります。これらのつかの間の体験は規範（the norm）として私たちに示されているのではなく、私たちが向かおうとしているところを見せ、物事すべての本質である「神のもとでの統一性」の現れを見せてくれているのです。

神は一、存在するものは全て、神のもとで一つなのです。このことは単に教義上のすばらしい記述ではなく、リアリティの全体性を表す基本的な表現なのです。神のもとで一つであるものを、人は自分の貪欲さを満足させるために、何度も何度も分割してきました。マインドフルネスは分断されてきたものを、再び結びつけることに、ひたすら心を傾けます。そして神の一性と人間の経験を関連付けようとするのです。

神は愛

もう一つよく引き合いに出される言葉で検討に値するものがあります。これは一九八〇年代のポピユラーソングで、"What is this thing called love?"（愛と呼ばれるものは何？）〔ミュージカル「ウェイク・アップ・アンド・ドリーム」の中の曲、コール・ポーター作曲〕という歌です。確かに愛とは何でしょう。もっと正確に言うなら、「神は愛」という時、私たちは何を意味しようとしているのでしょうか。私は多くの結婚式で、様々な人間の愛の形とは異なる「聖なる愛」（divine love）がどういうものを指しているのか考える説教をしてきました。私はC・S・ルイス（C. S. Lewis）が三〇年間通っていた教会の教区牧師（vicar）ですので、おのずと彼の『四つの愛』（*The Four Loves*）(6)という本を情報源としています。彼は愛に関する四つのギリシャ語について言及しています。そのうちの三つは人間の愛の経験についてであり、愛情（affection）、友情（friendship）、そして性愛（erotic love）があるとしています。そして四番目の愛として、「聖なる愛」を示しており、それは全く異なる質のものであるとしています。その愛は人間の気まぐれや、思いつきに左右されることはなく、私たちが経験する全ての人間の愛に浸透している必要があります。これは、おおむね、とても価値のあるものだと思います。しかし、私はまた、単に考え方としてだけでなく、私たちが実際に体験できる「神の愛」について語る方法を探し続けているのです。マインドフルネスを実践するようになってから、「聖なる愛」と呼ぶことができるであろう全く新しい表現方法が感じられるようになってきました。

これまで示してきたように、マインドフルネスを表す一つに「価値判断をしない気づきの技法のエクサイサイズである」というのがあります。マインドフルネスのエクササイズの初期の段階では、参加者が、がっかりしてしまうことがあります。なぜなら、私たちはそこで、自分は（1）気づけない、そして、（2）いまだに価値判断している、のを経験するからです。しかし、私たちにとっては、自分がそうだと知り始めること、それ自体がとても大きな進歩です。私たちが気づくことができないのは自分の経験を同一視してしまうからです。自分が経験していることを、自分自身だと思いこむのです。そう思ってしまうのは、私たちが、自分たちの経験は、実際のところ、移り変わるものであり、川岸がそれに沿って流れる水によって定義されないように、経験によって、自分たちが何者であるかを定義づけることができないのだということがわかる場所をいまだに見つけていないからなのです。川岸は水によって形成されますが、川岸は水そのものではありません。水は流れ行くもので、すでに過ぎ去ったものです。もし、舵も帆もない小舟に乗って川にいるとするなら、私たちは流れていく水に対する全体像を持つことはできません。私たちはただそこに巻き込まれてしまい、川と同じ速さで流れていくので、すべては川と同じに見えます。逆に、船を降りて、岸まで泳いで行けば、流れる水を「見る」ことができるようになります。

マインドフルネスは、私たちが船から降りて、川岸に行き、自分自身の経験についてなんらかの全体像をみることができるように手助けしてくれるのです。私たちは何かを経験しながら、そこで起こっていることを見始めます。そして、それについての全体像をある程度見られるようになります。私たちは見ることができないものを、意図的に愛することはできません。それで、より大きな気づきが得られる方向に進んでいくということが、神がいる場所に向かう最初のステージになります。すなわち、そこは純粋で全体的な気づきの場所であると言いたいのです。キリスト教的な言い方では、これを「全知」(omniscience)と呼んできました。私にはそれは、妻のハンドバッグの中身、あるいはソファーに寝そべって私を見つめているラブラドールの頭の中の出来事のような、「知られるべき全ての情報」を知っているという意味を表すように思えます。しかし気づきは、これよりもっと深遠なもののように感じられます。それは単に物事でいっぱいの頭の中の知恵ということではなく、経験に基づく知恵であり、内側からの知恵、異なる様々な経験のまさに内側、あるいは直接的な知恵なのです。これは神が優しく、愛情深く、私たちを見つめる時、神が私たちに持つ認識のあり方なのです。

ここにおいて、私たちは、完全な気づきの中で、永遠に私たちを包んでいる聖なるまなざしを知るのです。これは、いろいろな面で、私の人生に意味を与えてくれます。すなわち、私が何をしていても、また人生がうまく行こうが行くまいが、誰かが(まさに神なのですが)、私がここにいることを知っている。私の動き、考えすべてに気づいているのです。その方というのは、自分の経験によって完全に度を失ってしまう私とは違って、決して、押し流されてしまうことがありません。そして絶え間なく流れている私の経験のすべてを、限りない視点から見ることができる位置にいます。たとえ私が判断力を失ったとしても、私はその存在を知っています。なぜなら神は全てを見通せる場所にいるからです。そのようなまなざしの中に包まれていることに気づく時、私は完全に愛されていることを感じるのです。ほぼ、ですが。

私は「ほぼ」と言いました。その理由は、完全な聖なる愛を表すためには、もう一つの要素を付け加える必要があるからです。これは「価値判断しない」(non-judging)という要素です。私たち人間は、他者に対する意識を誤って用いる傾向があると自覚しているからです。私たち人間は知識を持つと、あるいは、前述の「気づき」を持つと、すぐさまそれを自分自身の目的のために使いたいと思うようになります。そしてその知識を利用するためには、あらゆる側面を良し悪しで、（もっと正直に言うなら、自分の目的のために有効かそうでないか、あるいは私の考えを支持してくれるのか、それとも抵抗するのかで）判断する必要がでてきます。そこで私たちは見るものすべてに、良し悪しのラベル、あるいは、もっと必要なものか、排除したいものかのラベルを貼り始めます。この種の裁きが全くないと信じることができるとするなら、気づきの中で私を包み込んでくれる存在がいるという考えは、これはもう愛としか感じられないでしょう。その裁きがないことについても、その存在が、必死で努力したうえで裁かないというのではなく、裁きというものが、本来、その存在にはないからです。

それで、今や私は、完全な気づきの中でいつも見守っているだけでなく、裁くことなく、常に、私のどの部分もしっかり見つめ、神によって創造された全体としての人間の部分として、私のあらゆる面を尊重する神のイメージを持っています。もし神のまなざしによって、私がこの前のセクションで述べた一性（unity）、そして全体性（wholeness）に到達することができるのなら、これはとても重要なことです。もし私が裁かれていると感じるなら、アダムとエバのように、自分の一部を神の目から隠し始めるでしょう。もし裁きもなく、完全に愛されていると感じるのであれば、私は次第に自分のあらゆる面を、神のまなざしのもとに、自分から差し出すようになるでしょう。また私自身の他の部分との関係においても、そうするようになるでしょう。これこそが癒しなのです。忘れてはいけません。創世記一章でそのすべてを「良し」と神が宣言されたことを。

「旧約聖書にはとりわけ裁きが多く見られる」、そして「新約聖書にもある程度裁きが見られる」と確信をもって異論を唱える人がいるかもしれません。これについては、ほとんどの場合、ある特定の行動を裁いているのであって、すべての人々を裁いているのではありません。確かに叡智は、私たちにどの行動が、自分自身を、他者を、そして他の自然を損ねているのかを理解するよう求めています。しかし、それは人間的な不公平な裁きとは全く異なります。そのような裁きは、聖なるまなざしの中にはまったく存在しません。

以上が、私自身がどのように神によって愛されていると気づくようになったかについてです。そしてこのような愛こそが、私が他者に差し出そうと切望している愛なのです。その愛とは、私が注意を注ぐ対象について、その情報をただ聞くだけという方法ではなく、私が注意を向けている人の実際の体験を把握し始め、次に私自身の価値に基づいて判断しようとする本能的傾向を一時停止し、畏敬と尊敬をもって、自分が気づくようになってきたものをただ保ち続けるという愛なのです。これは私たちが互いに差し出すことのできる最上の贈り物であり、マインドフルネスのエクササイズはそのような愛を差し出す手助けとなる役を担っていると思えるのです。

神は今！

さて、なぜここには感嘆符が打ってあるのでしょうか。明らかに趣味の悪い選挙スローガンのようになってしまう危険があります。しかし、私には、この感嘆符は必要だと思えます。私にはこの言葉には何か背筋をぞくぞくさせるものが感じられ、おそらく感嘆符がそれを伝えてくれるだろうと考えたのです。「神は一」「神は愛」ということは、確かに、それですばらしいものです。しかし「神は今」というものがなければ、何か遠い話になってしまいます。「神は今」があってこそ、落ち着くべきところに落ち着き、自分自身の経験の中にきちんと納まります。その私の経験というものは、この本の他の箇所で述べているように、絶えず今にしか存在しません（そのまぎれもない保証が「神は今」なのです）。

キリスト教の伝統には、もう一つ"omni"がつく言葉があります。「遍在性」（omnipresence）という言葉です。その言葉が「神はどこにもおられる」という意味だと説明された時、私には奇異な感じがしたものです。それは私が子供で、自分は物を神から隠すことができるとまだ考えていたからかもしれません。しかし、もし遍在の意味が、「神は常に（そして永遠に）現在の瞬間におられる」ということだったら、「常に今にのみおられる」ということだったらどうでしょう。そうなると、私には、もっとわくわくするものに思えてきますし、それこそが、マインドフルネスが常に、私たちに指し示そうとしていることなのです。自分たちの経験には「今」しかありません。そしてキリスト教徒にとってはもう一つ加えて、今、この瞬間にしか神を経験できないのです。

それにひきかえ、人間はもともと単一であるものを分断したいという傾向があります。時間を過去、現在、未来と分けてしまい、永遠なる今にとどまることなく、多くの時間を過去の支配的な力や、未来についての不安にふりまわされて過ごしています。過去あるいは未来について考えると、私たちは自分が嫌なこと（例えば過去の不快な記憶や、不快な未来になるかもしれないと感じられるいやな考え）を追い払う衝動に引き戻されてしまいます。また自分の好きなこと、例えば栄光の日々の思い出や、今夜起こるであろう刺激的なできごとについてばかり考え、そのことにしがみついてしまいます。そして、そのことばかりに夢中になってしまい、今というこの瞬間のシンプルさや、美しさを完全に見失ってしまうのです。思い出してください。この瞬間こそが、神が存在する唯一の場所なのです。

ドン・キューピット（Don Cupitt）は著書『神学の奇妙な帰還』（*Theology's Strange Return*）[7]の中で、このことについて、「現在の瞬間への永遠性の侵入」（eternity breaking into the present moment）というような言い方で述べています。永遠性とは、永遠なる過去でも、永遠なる未来でもなく、時全体、存在全体であり、存在する全ては、この今の瞬間にあるということです。その時に立ち戻ること、あるいは「目覚める」ことが大事なのです。

トラファルガー広場にある聖マーティン・イン・ザ・フィールド教区の牧師であるサム・ウェルズ（Sam Wells）は、洗礼とは、現在の瞬間におけるサクラメント〔神の見えない恩寵を具体的な見える形で表すこと、「聖奠ないし秘跡と訳される」であると述べています。なぜなら、それによって、私たちを過去の支配と未来についての不安から自由にし、現在のこの瞬間に、自由で光り輝いて生きられるようにするからです。（覚えていますか？）この瞬間こそ神が存在する場所なのです。

この章の最初の部分で述べた一性の「神秘的」な経験の中にも、時間が存在しない要素があるように思えます。シェルドン・バノーケン（Sheldon Vanauken）は、著書『非情な慈悲』（*A Severe Mercy*）(8)の中で、彼は、ある晩、妻とヨットに乗り、デッキに出た時、圧倒される美しさに包まれた瞬間があったと述べています。後に、彼は、そこにどれだけたたずんでいたのか全く分からなかったことを知ります。彼は、完全に時間の感覚がない瞬間、過去、現在、未来がない瞬間に包まれていたのです。そして、それは彼がかつて感じていた神の存在についての感覚にとても近かったのです。

キューピットはこれについて、毎日の生活や道徳的行動に没頭したり、あるいは美を深く追求することで、時間や不安を全く忘れてしまうような永遠性を取り戻すことができると述べています。(9)なんと素晴らしい生き方でしょう。以前なら起こっていたかもしれないことを気にせず、この先起こるかもしれないことを恐れず、今だけに完全に気づいている。そしてそれだけのために、現在の瞬間を経験することができるというのは、なんと素晴らしいことでしょう。これについては7章で述べますが、これこそが、「神の現存を知る」ということであり、マインドフルネスは私たちがこの体験をするための確実な助けとなるのです。

第5章　イエス　体現した者、解放された者、目覚めた者

Jesus: the Embodied One, the Liberated One, the Awakened One

「見よ、この男だ」。屈辱を受けたイエスをあざける民衆に見せる際のヨハネ福音書（一九・五）のピラトのこの言葉は、イエスを崇めるようになった私たちには、いかにも皮肉を含む言葉です。ピラトの無造作な表現には、「どうだ、この者がお前たちの望む者ではないか」という、功利主義者そのものの姿がよぎります。しかし、このキリストのイメージは、特に多くの形で芸術に表現され、また伝統的な十四留の十字架の道行の一つとして描かれましたが、それ以上のことを私たちに語っています。これがその人です。これが完全な人間性です。これが十全に人間であるということです。けれども、これが、あなたの人間性から引き起こされる悪意・憎悪に対して、人間以下のような人々が攻撃するやり方なのです。

マインドフルネスのエクササイズを始めてまもなく、「わお、イエスはとてもマインドフルな人だった。彼はどこで八週間のコースをしたのかな」というようなことを考え始めるでしょう。マインドフルネスの中で導かれるものごとの多くは、イエスのあり方や、彼の他の人たちとの関わり方にすでに存在しています。すなわち、辱めと苦しみにもかかわらず見ることのできるイエスの静寂と尊厳、

攻撃的な審問への応答に見られる自分を守ろうとしない態度、激しく迫る群衆による喧噪の只中にあっても、助けを求めイエスのところにやってくる人々に対する十分な気遣い、悪霊の誘惑の巧妙さに対する注意深さ、ゲッセマネでの自分自身の恐れに対する誠実さと自覚、そしてまた十字架上の見捨てられた体験のあり方に現われているのです。

しかしこのすべてのことの中心になるものは何なのでしょうか。キリスト教信仰の中で、マインドフルネスが役割を担う場所はどこなのかというテーマ全体に関わるのは、人間としてのイエスの何なのでしょうか。私たちが人間全体のモデルとして見るのはイエスの何なのでしょうか？　私たちは普通、イエスが何者であるのかという本質を、イエスの地上における三つの重要な時、すなわちイエスの誕生、イエスの死と復活について言及することによって見ようとします。ではこの観点からそれぞれを探求しましょう。

見よ、体現した者を

イエスの誕生は神学的表現において「受肉」(incarnation) と呼ばれます。字義通りの意味は「肉性―の中の」(in-the-flesh-ness) 神です。受肉が示すのは、神はどこにおられようとも、「そこ」は結局のところ「あの上、天国」であるということではなく、物質世界の「この下、地上」(down here) におられるということ、すなわち人間の血肉の中におられるということで、最も十全で、かつ比類ない形で、人間イエス・キリスト、「その男」の中におられるということです。私たちにとってなじみのある神学上の多数のテーマと同様に、今やこの点は私たちにとって、その本来の意味がおそらく失われています。人気がある意味づけは、あらゆる苦闘と誘惑と共にある人間というのはどういうものであるかを、神は知っておられるという、慰めとなる考えです。そして実際これは慰めであり励ましです。しかし、その本来の意味が現れ始めるのは、私たちがこの考え方を変えるときなのです。つまり、私たちにとり、受肉が意味するのは、人間が実際に肉において――すなわち物質的な体において、また物質的な世界を通して――神を知り、体験することができるということです。事実、私たちはさらに進んで、次のように言う必要があります。私たち自身の肉体は、私たちが神を体験し、神を知ることのできる、あるいは、いつか神を体験し、知ることになる唯一の場所だということです。これは、私たちの体（もちろん、心の座である脳を含みます）をおいて他に、人間でありうるところはないということなので、とても大事なことなのです。私たちは、神についても、他のどのようなものについても、体以外で経験することはないのです。私たちの体は、事実、〔神と出会う〕そこなのです。私たちがもし体において神を知ることができないなら、私たちは神を知ることはできません。イエスの物語はこれに加えて、（おそらくこれまで唯一の存在として）人間が自らの体において、完全に神を体験することができることを示しています。これが、おそらく受肉のより本来的な意味なのです。

とはいっても、私たちの体はしばしば居心地のよくない場所にもなりえます。私たちの体は、苦しみ、誘惑、恐れ、コントロールの喪失を体験する場所でもあるのです。そして、おそらく、このような体験は、私たちが至福に満ち、純粋で霊的な存在として生きることができるよう、自分の体から「自由」になりたいという秘めたる内的な憧れへと導くのです。これは魅力的で、美しいとさえ感じられる考えですが、キリスト教は常にこのアプローチを異端とみなしてきました。もう一つの傾向、特に西洋文化の中にある傾向として指摘できるのは、まず最初に、体を心と比べて、低い地位に格下げすることによって、そして次に、体の本能や衝動を抑圧することによって、体を従属させるということです。しかし、もちろん、これまでも私たち自身の生活や、この方法を薦める霊的指導者のどちらにも見られたように、これはうまくいかないのです。セックスやセクシャリティは、そのもっとも明白な例です。私はロシア正教会のイギリス人司祭であるベネディクト・ラムスデン（Benedict Ramsden）に一生感謝したいのです。彼は次のような素晴らしい一節を書いています。「西洋のあなた方の持つ問題は、あなた方がセックスを脳ですることです。そしてそこは、実際セックスをするのに決して良い場所ではありません」。西洋の私たちはセックスについて身動きができなくなっています。というのは、私たちはセックスを考えるべき何かとみなし、何らかの方法で「手なずける」ものと考えるからです。しかし、実際のところ、セックスは体において体験すべきものなのです。これについては雅歌から、アビラのテレサに至るまで、多くの作品があり、これらはセクシャリティを霊性と結びつけているのです。

そこで、体から逃れるのでもなく、体を何かで置き換えることもしないことが、有効であり、またキリスト教信仰なのです。まさに神が住まわれる場所として、私たちの体を余すところなく生き、かつ体験することが受肉の意味するところなのです。パウロはコリントの信徒への第一の手紙の六章一九節で、「知らないのですか。あなたがたの体は、神からいただいた聖霊が宿ってくださる神殿である」と述べています。

マインドフルネスにおいて、私が、これらのことを痛感したのは、マインドフルネスが体に対してポジティブな態度をとり、体との連携を強調することでした。もはや、体を霊的進歩に関してイライラさせるようなものとして見ることはありません。私が神と出会うその場所として、体は称賛され、尊ばれるのです。ある時、私はマインドフルネスについての講話の中でこれらの考えを探っていたのですが、ボディ・スキャンのエクササイズをし終えたその時、一人の女性が私のところにやってきて、「私はずっと一緒にエクササイズをしているのですが、膝に注意を向けてくださいと言われた時、私は『神は私の膝とどんな関係があるの』とつい思ってしまったのです」と言ったのです。私は彼女に同情しました。〔私の場合も〕私の両膝は節くれだって、ぐらぐらしていて、霊性と体について考察したとしても、ほとんど最後まで考えないのが膝なのです。しかし、これに対するはっきりとした返答は次のものです。「もし神があなたの膝と何の関係もないのなら、その神はけっして神ではなく、あなたの膝以外のあらゆる被造物の『神』という何か小さな存在なのです」。

どの八週間のマインドフルネス・コースでも、少なくとも最初の三週間は体に集中する瞑想を紹介します。これは不快であったり、かなり退屈となったりする可能性があります。私の場合はその両方が入り混じっていました。私の体は固くガタがきていて、非常に単純な動きやストレッチでも、とてもネガティブな感情を生んでしまいます。けれども一方、私は人生のほとんどを頭で――そこに私の救いがあると思いながら――生きてきたのです。私は自分のあらゆる問題を頭で片付けようとし、頭で神を体験しようとしていました。つまり、私は自分の体にまったくつながっていなかったのでしょう。軽度の凝りや痛みというイライラを感じなければ、私はまったく何も感じないのです。そしてこれは退屈そのものです。しかしながら、私は、徐々に自分の体と再びつながりはじめ、それを喜び、そしてこの体、この体においてのみ、神を知ることができるという素晴らしい事実に感嘆するようになりました。

イエスは体現者（embodied one）です。人間としての血肉において、まったく完全に神を知り、体験したその方です。これはイエスが、すべての人間にとっての範型（パラダイム）としてどんな人であるかの、最初の鍵です。

見よ、解放された者を

十字架をどう考えるかについて、また私たちの人生にとって十字架がどのような意味を持つのかについては、多くの観点があります。私はこれを、真に、かつ完全に自由な人というのはどういうものなのかを明らかにした出来事として検討したいと思います。この意味での自由とは何を意味するのでしょう。映画「ライオンキング[10]」の中で、幼い王子のライオン、シンバは王になるとはどのようなことかと思いめぐらし、今自分が許されていないことを何でもすることができるようになることだと考えます。シンバの父である王はため息をつきながら、「シンバよ、王には自分がただ好きなことをするよりも多くのことがあるのだよ」と断言します。これに対して、シンバは息を詰まらせて、「それよりも多くあるの?!」と返すのです。

自由とはおそらく、ただ自分がしたいことをすることではなく、私たちが召された者になることへの自由なのです。イエスは、自分の活動の初期に、あきらかに、非常に深い使命感を持っており、それはイエスの洗礼の体験と荒野の誘惑に描かれています。ヨハネ福音書で、イエスが弟子たちの足を洗う場面で、イエスは「神のもとから来て、神のもとに帰ろうとしていること」(ヨハネ一三・三)を知っていたと書かれています。しかし、多くのことが、自分に相応しいと知っていた道から、イエスを逸らせたかもしれません。彼は自分自身の家族から痛みを伴う誤解を受け、家族による保護という心地よさの埒外に出なければならないと感じました。イエスの旅のスタイルは、安定した家庭環境の持つ安心から彼を引き離しました。イエスは巧みな語り手、また癒し手としての評判を高めましたが、権力者と対決する中で、これをさらに高めることができない、あるいは台無しにしてしまうかもしれないと悲しむ感覚があったかもしれません。ゲツセマネで、イエスはその先の耐えられないほどの苦しみをはっきりと感じていました。そして最後に、騒動を引き起こした者の結果が死であること、特に、もしイエスの運命を決めようとする人々のエゴを和らげられない場合はそうであると、イエスがよく分かっていたと当然思わなければなりません。しかし、これらの事柄のどれも、イエスのあるがままと、イエスにとっての真理と愛の道であるその道を捨てるよう、彼を説き伏せることはできませんでした。そしてこのことこそ、イエスがまったく完全な自由の人であったことを表しています。「見よ、この男だ」の場面に戻るなら、打たれ、唾を吐きかけられたこのみじめな人間が、皮肉にも、私たちにとって、自由の神髄を表しているのです。

マインドフルネスで、私たちが自由を見出すのは、気づきにおいてです。私たちをコントロールし、私たちの自由を奪うものは、私たち自身に隠されています。私の中で生じているあらゆるものに気づくようにするという継続的なプロセスを通して、私は徐々に、自由を損なう原因となる隠された恐れ、不安感、憤慨、そして支配的な衝動に気づくようになりました。聖パウロの次のような言葉があります。「わたしは、自分のしていることが分かりません。自分が望むことは実行せず、かえって憎んでいることをするからです。……わたしは自分の望む善は行わず、望まない悪を行っている。もし、わたしが望まないことをしているとすれば、それをしているのは、もはやわたしではなく、わたしの中に住んでいる罪なのです」(ローマ七・一五、一九－二〇)。これらの言葉は、人が自由ではなかった時――隠された衝動によって支配されていた時――を描写する言葉です。イエスは隠された衝動や隠された恐れを持っていませんでした。恐れを感じてはいましたが、それは隠されていませんでした。そして、それらが隠されていなかったために、恐れによって支配されるのでなく、恐れを体験することができ、そして再び自由への道を選ぶことができたのです。8章でさらに検討しますが、この自由はイエスの十字架上の死において、最も完全に表されました。イエスは死が持つ当然の恐れや、死そのものに対する嫌悪と言えるものにさえ、支配されることがありませんでした。このような形で、イエスは人間としての自らの完全な自由を証したのです。

ですから、私たちにとって、イエスは解放された者でもあります。そのような人には、対立する隠された支配力はありません。そしてこれがすべての人にとって人間であるイエスの第二の鍵なのです。

見よ、目覚めた者を

英国国教会の聖餐式の祈りの一つに、「(彼は) 新しい命によみがえることによって復活を現した」(『コモン・ワーシップ』感謝聖別文B〔Common Worship prayer〕, p. 188) との唱句があります。私がイエスの復活と、イエスが完全に目覚めていたという考えを結びつける時、イエスが復活の後でのみ目覚めたということを言っているのではありません。そうではなく、復活は、イエスが完全に目覚めた存在であり、初めからそうであったとの啓示であったということを意味しています。

私は、キリスト教の教えよりも仏教の教えから「目覚めた者」(awakened one) という表現にいっそう馴染んでいることに気づきました。特にその「目覚めた者」という表現は、ブッダその人を表します。しかし実際には、仏教の伝統の中で多くの人は、その表現がブッダの弟子たちにのみに当てはまるとは主張しません。どのような道によってであったとしても、完全に目覚めた人には、どの人に対しても、その呼称を喜んで用いるのです。

では、完全に目覚めているとは何を意味するのでしょう。すでに以前の箇所で私が示唆したように、まず第一に、私たちの人生の中に、もはや隠れた支配要素が何もないということでしょう。私たちが行う選択に作用し、それを支配し、影響を与えるであろう、あらゆる要素が表面に現れ、今や、それに「目覚めている」ということです。けれども私は完全に目覚めているということが、人間の可能性の途方もない能力に目覚めることを意味するのかどうか疑問に思っています。これに答えることは、完全には目覚めてはおらず、限られた選択しかない中で、（ゆえに、限られた責任の中で、）半分眠ったような状態にいる私としては、困難なことなのです。しかし、復活物語の途方もない本質を考えると、まだ目覚めるには至っていないということよりも、人間の経験には何かもっと意味があるという可能性の方に突き動かされるのです。それが、いつか私が壁を通り抜け、病の人々（膝の悪い人々）を癒し、水の上を歩くことができるようになることを意味するのかどうか私には分かりません。けれども、私はさらなる何かがあると自分の体で感じるのです。そして、もし、さらなる何かがあるとするなら、神のために、それを探求し、それを生きるよう求められることになるでしょう。

コンピュータが最終的に地球を支配した後の時代を描いた、ウォシャウスキー兄弟によるSF映画「マトリックス」の三部作[11]の冒頭で、大部分の人間はとても快適で穏やかな生活を体験しています。というのは、気づかれない方法で、今や世界のあらゆるものを支配しているコンピュータが一連のくつろいだイメージを人間たちの脳に直接に送り込んでいるからです。しかし、リアリティはというと、コンピュータが稼働し続けられるように、人体の持つ熱をエネルギーとして用いるために、すべての人間は、実際には、ベタベタとした液体の容器の中に漬けられているのです。人間たちの穏やかな体験は、実際は、ただ脳の中だけなのです。時々、安らぎに満ちた同じイメージを送り込まれながらも、ある人は、何かそれ以上のことがあるに違いないと感じ、その人の心は可能性の探索をスタートさせます。このような人々は、やがて、自分たちの心の体験の中で、二つのピルのどちらかの選択を迫られます。一つのピルは、その人々を居心地が良くて快適な、しかし目覚めることのない生活へと戻し、もう一つのピルは、その人々を完全なリアリティに目覚めさせます。人々はリアリティ・ピルを選ぶことでコンピュータシステムに逆らい、ベタベタとした液体容器から放出され、厳しいけれども、少なくともリアルな「目覚めた」生活を始めるのです。このストーリーに描かれるキリストを模した人物はネオ（Neo）と呼ばれ、あとで分かるのですが、その名は「選ばれし者」（One）の回文になっています〔Neo の最後の「o」を最初に持ってくると「o-ne」となる〕。この「選ばれし者」は完全に目覚めた状態となり、コンピュータの基盤を破壊できるようになり、すべての人間を、居心地が良いが、半分生き、半分死んでいる無意味な眠りから解放することができるようになります。私たち人間の状態を表した、何と素晴らしい、よくできた比喩でしょうか。私たち人間は、私たちを解放してくれると思っていたテクノロジーによって、居心地の良さと気楽さを一層保とうとしていますが、実は半分目覚めているだけの状態なのです。

　復活のキリストは、周囲に存在する全てのものに対して最終的にそして完全に目覚めている人にとって完全な生とはどんなものであるのかを示しています。私たちが現実のすべてに十分に目覚めていないなら、私たちは半分生き、半分死んだ人生を生きているだけなのです。ですから目覚めこそ、マインドフルネスのエクササイズの核心のすべてなのです。

イエスは完全に目覚めた者であり、自分に従うことで、人生のすべてに、恐れずに目覚めるよう私たちを招いています。

第6章　聖霊——自由意志、脱中心化

The Holy Spirit: Free Will, Decentring

　前の二つの章で、神の本質の様々な側面について、また私たち人間にとって、イエスとは何者であるかの特質について考えました。他に何が残っているでしょうか？　そうです、私たち人間がいます。これら全てのことは、私たち人間にとってどんな意味があり、何がどのように現実となってあらわれるのでしょうか。私はこれをペンテコステ（聖霊降臨の日）に弟子の間で交わされた次の会話のようなものかもしれないと思います。「これは全くすばらしいことだった。しかし、これは何なのだろうか？」。彼らはユダの後継者をどうにか選んだところでした。そこにとんでもないことが起こりました。あまりに異常なことなので、それを誰もきちんと描写することができなかったのですが、炎のようなものが部屋中に広がり、激しい風の音が響き渡ったと伝えられました（使徒言行録二・一－四）。そして、その時以降、彼らは後ろを振り返ることはありませんでした。ジグソー・パズルの最後のピースが正しい場所にはまったように、イエスに当てはまるすべてのことが弟子たちにも実現可能となりました。しかし、その後人間たちがたどってきた様々なできごとから判断すると、人間はそれらを少しずつしか受け取ることができないようです。

聖霊の話は、これら全てのことが私たち自身の人生でどのように現実となりうるのかについて語っているように思えます。私たちも、イエスが示したような生き方を実際に体現し、解放され、目覚めた状態で生きることができるのだということを示しているように思えます。

キリスト教徒はこのようなことを「聖化」(sanctification)のプロセスと呼んできました。それは当然、人間の全ての側面を含むので、様々な要素について多くの本が書かれてきました。私はその中から二つの要素(そうです、今回はたった二つです)を選びたいと思います。それらの要素は、マインドフルネスが、私たちの内側で働く聖霊のためのスペースをどのように作っていくかに関わることです。

自由意志

一つ目は、自由意志という難しい問題です。聖化という考え方はこれを基礎にして成り立っています。神は私たち人間を無理やり聖なる者にさせようとしているのではありません。どの段階においても、この聖化のプロセスに関わっていくかどうかを決定するのは自分自身でなければなりません。しかし、自由意志のようなものが実際存在するのでしょうか? これについては哲学者も科学者(特に神経科学者)も疑問を投げかけています。実際、この問題はとても微妙なものであり、それについて様々な考え方があります。[12]

哲学者は、私たちが行う決定はどれも自分が受け継いだ遺伝子によって受胎の瞬間にすでに決まっている可能性があることを主張してきました。すなわち、私たちがすることは全て遺伝子によるものだとするのです。一九八〇年代の初期あたりから、神経科学者たちは（カリフォルニア大学のベンジャミン・リベット［Benjamin Libet］以降）脳の実験を重ねることで、その考え方を強めてきました。それらの実験によると、多くの場合、私たちは何かすることを決定しようと感じるほんの一瞬前に、その決定をすでに決めているらしいのです。その議論はさらに進み、私たちがする決定というのは、全てではないにしても、ほとんどは意識されることなく無意識になされているというのです（それを一般的には自由意志と考えてきました）。ゆえに自由意志は存在しないというのです。自由意志として感じられるものは、すでに「決めた」ことを経験的に認識しているだけだというのです。

前にも述べたように、私は自分を神学者であり、科学者だと思っているので、これらの研究を真剣に受けとめたいと思います。しかし、驚かれるかもしれませんが、私は、これらのことが私たちの今行っているこの探求に役に立つと考えるのです。この実験から私が引き出した結論は、「選択」は実際になされるが、それは、私たちの認識できる以上のことが無意識によって決定されているだけだということです。言い換えれば、私たちがする選択はおそらく、現在起こっていることに完全に気づいた上で必然的になされるのではなく、過去の条件付けをもとに、自動的に、そして強制的になされているということです。それでも、私はこれらを「選択」と呼びたいと思います。私たちが気づいていないだけか、あるいは完全には気づいていないだけなのです。

これらのことは、ほんの狭い入口でしかありませんが、それでも入口には違いありません。私は、自分の自由意志が制限されたものだという事実を受け入れなければならないかもしれません。しかしそれが最小限の自由意志であったとしても、その意志は自分の意識を「選択」の場所に向かわせることができ、そこからスタートすることができるのです。イエスの「からし種ほどの信仰」の話のように、ほんの少しの量があれば大きなものに育ちます。山さえも動かすことができるようになるのです。あなたの中にある自由意志が何であれ、それを使えば、徐々にあなたにとって山のように大きなものに育っていきます。

マインドフルネスの働きというのは、決定を下すことができるその場所に私たちを向かわせることです。それらの選択が無意識になされるものであっても、それは意識的なものになっていきます（意識「的な心」(conscious mind) として考えるなら、自由な選択になり始めます）。これを私は「自由意志」と定義したいと思います。問題は、この練習を始めると、かえって苛立つように、あらゆることに気づくようになり、とても自由意志があるようには思えなくなってしまうことがあるということです。そして「思考をコントロールできない」「自分を裁くことをやめることができない」「思うように安らげない」「あれこれ悩むのを止めることができない」などという状態になってしまう可能性があるのです。だから私は「ただ起こることを見つめるだけでいなさい」とアドバイスをします。変えたいのだけれど、その多くは簡単にできません。そうしようとすることでストレスを作り出していきます。ですから、すべてをただ見ること、そして神経科学が言うように、私たちには実際には自由意志などほとんどないのだということを受け入れることから始めてみてください。それでも、実際には、通常は無意識であるものが次第に明晰になり、意識的なものになっていきます。無意識がどう働いているのか、無意識によってどのように決定がなされていくのかを見ることができるようになっていきます。そしてその意志決定のプロセスが徐々に見えてくると、意識〔的な心〕はそこで何が生じているかを言うことができるようになります。ジョナサン・ハイト(Jonathan Haidt)は彼の著書『幸せの仮説』(*The Happiness Hypothesis*).(13) の中で、これについて、「象を操ろうとする乗り手のようなものである」と述べています。勢いは常に象のほうにあるが、仮にも乗り手が存在しているのであるなら、たとえ相手が象であったとしても、その乗り手は、その相手の意志に影響を与える技術を強めていくことができます。もちろん、その乗り手は二つの哺乳動物の物理的な強さとは関係のない、極めて微妙なスキルを開発しなければなりません。

依存症はこのことをとてもよく表しています。依存症の場合、依存行動以外にも選択肢があるということを長い間あきらめてしまっている人がほとんどです。彼らは、それまでずっと、もう一本たばこを吸う、あるいはもう一杯お酒を飲むこと以外、何も選択肢がないという経験をしてきましたし、そうだと信じています。彼らがそうしているのには、一つには自分が(ほぼ完璧なほど)正しいと信じているからであり、もう一つには、他の行動を選択肢として思いついたとたん、もう手遅れだと思ってしまうからです。意志決定がすでになされてしまっており、彼らはもう一箱の煙草を買いに行く途中にいるか、あるいは、お酒のことで頭がいっぱいになっていて、そのことですでに心に安らぎを感じているのです。そこには、明らかに避けられないことに直面した無力感があるだけです。しかし、もし彼らが次の一杯を飲むことを実際に決める前の、最初のあの衝動、例えば些細な無力感に襲われる、気持ちを落とす内的な声を聴く、挫折感、心の痛みを感じるなど、その心の動きに気づく能力を開発しているとしたらどうでしょう。あるいは選択肢がまだいろいろある、その「瞬間」に気づく能力を開発しているなら、これは本当にもしかしたらの話なのですが、いつもと違う選択がなされ、いつもの場所へ行ってしまうのを避けることができるかもしれません。たとえば、非難する声は、ただ声そのものとして認識されるかもしれません。この段階で利用できるいくつかの選択肢があり、心の慰めにお酒を飲むのはその選択肢の一つでしかないというような考えが浮かぶかもしれません。何か違うことを選択できるようになるには時間がかかるかもしれませんが、自分にはまだ選択肢が残されている「その瞬間」に気づくことから全ては始まります。

依存症者にとってこれは長く、ゆっくりとしたプロセスであり、ここで述べたほど簡単なものではないかもしれません。私は自分がサポートしているクラスのメンバーの一人で、アルコール依存症から回復した人の話に感動しました。コースの六週目の頃、彼の母親が亡くなりました。その出来事自体は彼にとってそれほどショックを受けることではなかったのですが、それでも感情が揺さぶられる体験でした。母親の死んだ後のセッションで彼はこう話してくれました。「このような出来事は以前だったら、間違いなくお酒にずるずると向かってしまうきっかけになったのですが、このコースに参加して、規則的にマインドフルネスを練習していたので、いつもの習慣が始まるその時の徴候となる感覚に気づくことができたのです」。彼は他に選択肢があることを思い出し、自分を支えるためにいつもと違う行動をとることを決めました（彼の場合、ほんの少しマインドフルネス瞑想をやることでした）。彼は別の行動がとれることに気づいたのです。

もう一つ、科学の領域での興味深い話があります。自由意志を信じる人と、信じない人との行動の違いを評価するために、自由意志の存在については中立の立場をとるもう一つの研究を使って、調査が行われました。そこで、自由意志を信じる人は、そうではない人に比べて著しく利他的であることが判明しました。おそらく、あるものの存在（例えば自由意志の存在）を信じることが、それが存在する場所を見つけることにつながり、その場所を土台に物事を進めていくということなのでしょう。

私のコースの中の最も感動的で信憑性のあるフィードバックの一つはうつ病を患っていたある女性の言ってくれたことです。彼女はそのコースで学んだことを尋ねられると、「私にはもっと選択肢があるのだということを発見しました」と短く答えたのです。私がここで言いたいのは、私たちにまだ選択できる場所があり、それを見つけるということは、どうすれば自分たちの人生に聖霊の影響を受けさせることができるかということなのです。

脱中心化（decentring）

聖霊が働くために越えなければならないもう一つの壁は、それは自分自身だと思うのですが……。

皆さんは、これらのことは、私についてのことではない（皆さんがそう言われるのも当然であり、もっともなご意見だと思います）と言われるかもしれません。しかし、明らかにそうなのです。これらのことが、どのようにあなた方にとって意味があるのかをも、私はまだ完全に理解できていません。それでもなお、これはあきらかに自分についてのことだと思うのです。私はこの世の全てのものを私のこの目で見ています。世界の全てを、この私の視点から見ており、全てを私の頭の中で経験しています。そうです、私は体のことについては、いまだ初心者でしかないので、ほとんど頭の中で経験しているのです。

　ですから、全ては、私の頭中心の「ものの見方」が決めているのです。問題は、基準となるこの基本的視点では、自分の人生がうまくいっているようにはとても思えないことです。さらにショックなのは、聖霊が私だけに関心を払ってくれているのではなく、創造全体に関心を持っているように思えることです。実際のところ、必ずしも常に私が中心的存在としては見られていない、さらには、出発点としてさえも見られてはいないように思えます。この私という視点は、実際のところ、私を選び出している聖霊にとっての障害だけでなく、私を通じて聖霊が働くことにも大きな障害となっているのです。何ということでしょう。聖霊が私の中で、そして私を通じて働くためには、「脱中心化」というプロセスが起こり、私自身が聖霊が働く場所に向かって移動することが必要なのです。すなわち創造の全体のために、そうなる必要があるのです。

　このことについては、ここ五世紀の間に見られる欧米の考え方の歴史を見ていくことが役に立つかもしれません。科学の分野における新しい発見、すなわち、この本での言いまわしを使うと、「人間の覚醒」が新たにもたらした三つの局面を見ることがヒントになるかもしれません[14]。

　おおよそ五〇〇年前、コペルニクス、それに続いてガリレオが、地球は宇宙の中心ではなく、太陽を回る小さな惑星であること、そして同じような動きをする多くの惑星の一つでしかないとする驚くべき考えを提示しました。それ以降、地球は宇宙の中心ではないという証拠だけが示されてきました。私たちは、この地球が幾千個も存在する宇宙の中の一つであり、いかにちっぽけで、取るに足りない惑星であるかを認識してきました。国教会は（実際は、教会が中心であるようにと「制定された教会」でしょうか?・）否定的な対応をしました。それは科学と真っ当に論争を交わせることができたからではなく、意識的視点の変更があまりにも巨大だったからでした。人間は、神によって、全ての中心的存在として選ばれたのであり、そのためにこの惑星は中心でなければなりません。当時、この発見は理解不可能なことであり、撤回が要求されるか、罰せられるかのどちらかだったのです。

　しかし、支配体制〔教会〕は徐々に新しい考え方に道を開いていきました。四〇〇年後、ダーウィンが人間の意識を変える次の波を起こす頃までには、それらの新しい考え方は、多かれ少なかれ全て受け入れられていきました。ダーウィンの考え方が投げかけた意義というのは、またもや私は言いたいのですが、人々にとってとても困難な問題であり、人間は自然界の中心でさえないということだったのです。私たち人間は、他の生物の中の一存在でしかなく、私たちは、本質的に見ると、特別に進化した猿に過ぎないということなのです。私たちは非常に発達した意識と自己認識を持っており、世界を保護していく責任を負うという点では、ユニークな存在かもしれません。しかし、他の全てのものが私たちを中心に存在しているのではないのです。非常にゆっくりですが、私たちは自分たちを、非常に繊細にバランスを保っているエコシステムの一員として見るようになりました。そこでは、一部のものが他のものを犠牲にして全体を支配するようになると、修復のきかない程のダメージとなるのです。この人間の意識における変化は、最初のものと同じぐらい激しい論争となりました。

人間の意識の変化の三つ目の波は、近代医療、特に一九九〇年代に現れた神経消化器病学(neurogastoroenterology)と呼ばれるものの台頭と共にやってきました。[15] この分野の研究は、脳は人間の中心的存在でさえなく、神経学的に見た意識、あるいは知性が身体全体と結びついているということを示し始めました。このことはキリスト教の世界でもずっと言われてきたことですが、それは単に比喩と見なされてきました。私たちは、「何かを第六感で感じる」とか、「何か胸のつかえをおろす必要がある」とか、「心のどこかで知っている」などという表現をします。しかし、今や私たちは、これらの表現には科学的な意味があることを知るようになってきています。体が重要かつ賢明なメッセージを脳に送り込み、また同様に脳も体に送ります。さらには、頭では迷っていているのに、体の方では正しい反応をしていることがよくあります。

「知恵」は(聖霊の先駆けとして旧約聖書によく記述されるのですが)、人間の意識の脱中心化とともに訪れるものです。神は私たちを愛しており、おそらく私たちがユニークな役割を持つことを望んでいます。しかし、それは自分自身が中心だと考えるべきことではありません。すべてが私たちを中心に回っているわけではなく、私たちだけのために他の全てが創造されたわけではありません。創世記の創造の物語では人間は最後に創られましたが、私たちが誕生する前に、あらゆるものが「良き」ものとされたのです。

このことを理解すると、聖霊の働きへの道が開かれ、聖霊とともに生きることへの大きな跳躍となります。それは被造物全ての和解といやしへの跳躍となるのです。そして、ご想像のとおり、これこそがマインドフルネスの働きの重要な側面なのです。ボディ・スキャンから始めると、頭だけではなく、体のあらゆる部分の感覚（あるいは、それは体からの「メッセージ」でもあります）に敬意を払って、注意を向けるプロセスを始めることになります。それはまた、自分の思考に気づいた時、それが自分の人生の中心でも支配的な要素でもなく、他の現象と同じだと気づきます。自分自身と他の人の経験を同じように見ることができるようになっていきます。そして、人間以外の自然をも同じように見ることができるようになると、再び、自分の経験を、自然のあらゆるものの経験と同じ次元に置くことができるようになります。自分の視点からだけではなく、全体的な視点から物事を見始めます。これが現実の本質です。ですから、マインドフルネスではあらゆるものが中心ではないのです。すなわち、私は中心ではないのです。しかしこれを体験的に知るのは実際には時間がかかります。練習が必要です。

聖霊は、大いなる民主主義者でもあります。「その後、わたしはすべての人にわが霊を注ぐ。あなたたちの息子や娘は預言し、あなたたちの老人たちは夢を見、若者は幻を見る。その日、わたしは、奴隷となっている男女にもわが霊を注ぐ」（ヨエル三・一－二）。使徒言行録二章には、聖霊は選ばれた者だけでなく、全ての者のところにやってくるとあります。自分自身の体験の中で、全ての人、創造の全てが、聖霊にとっての関心事であることがわかり始めると、人生に対し、重要なものを中心に据え、ピラミッド型に物事をコントロールしていこうとする「私」中心のアプローチを手放すことができるようになるでしょう。それは自分の意識を中心から離し、創造全体に聖霊が働くようにすることができるということなのです。

第3部　「すること」から「あること」へ　From Doing to Being

第2部の導入部分で述べたように、人々が私のところへやってきて、信じるべきと思われることを自分が確かに信じているのかどうかよく分からないと打ち明けてくれることがありました。私は、自分が感じるべきとされていることをしていないと言う人をほとんど知りません。多くの人が私に、人は自分たちがすべきと思うことをしていないと言い、そしてまた、彼らは、この私も自分がすべきことをしていないと言います。また、別の何かをすることが不可能である時、「それが人間というものですよね」という理由を引き合いに出す場合もあります。おそらく、これは多くの人が感じていることに最も近いでしょう。私たちは自分に求められるものについて漠然とした感覚を持っています。そして牧師は時々ヒントの一滴を与えようとするかもしれません。しかし、私たちは皆、自分たちがどんなことをしようとしても、その成り行きは「人間性」(human nature)と呼ばれるもののなすがままであるとどこかで感じています。

問題は、おそらく、唯一の入口は「すること」(doing)に真正面から取り組むべきだという人間の思い込みにあるのでしょう。習慣を変えることは信じられないほど困難です。なぜなら多くの場合、ある体の習慣(physical habit)の背後には、何らかの心の習慣(mental habit)が潜んでいるからです。そのような体の習慣は、その背後に、たどり着くのが非常に困難な心の習慣が横たわっているために、固く維持され続けるのです。

マインドフルネスは物事にアプローチするのに違った方法を示してくれます。「すること」から始めるのではなく、「あること」(being)から始める必要があると教えます。ジョン・カバットージンは「すること」モードと、「あること」モードという二つの心のモードを説明します。「すること」モードである時、心は状況を分析すること、仕事をすること、将来を計画すること、組織することに関心を持ちます。ここでは、心の中に「すべき」「するのが当然」「しなければならない」という意識がありますこのモードの中にはあまり選択の余地がないように思われます。というのは、何をなすべきかに心が固定されているからです。ここにはさらに自明の事柄だという感覚があります。「なすべき必要があるのはまったく明らかです、というのは、そうですね、まさになすべき必要があるからです」。すなわち、そういう人間性があるからだというのです。そして何も変わりません。

「あること」モードは、現在の瞬間についてのより大きく、広い気づきと、目の前にあるものの真の性質をよりはっきりと見るためのスペースを開く感覚を特徴とします。ここでは行動すること、固定すること、計画することへの衝動はより少なくなります。一方、ここでは、好奇心、判断を差し控えること、状況をあるがままに留めようとする意識が格段にあり、しばらくの間そうすることで、物事をいっそう明瞭にし、様々な可能性が明らかになります。マリアとマルタに再び戻ってみます。そうです、もしその晩、二人とも食べるつもりだったなら、誰かが料理を作る必要があったでしょう。しかし、すぐにする必要があったでしょうか。おそらく、それよりも大事なことがあったのではないでしょうか。その晩、もっと遅い時間に、マリアの義理の兄弟の新しい家からの持ち帰り用の料理ですませることが可能だったのではないでしょうか？

この「あること」モードにおいて、私たちは神のためのスペースを作るのです。というのは、ここに選択の余地があることが、明らかになるからです。もちろん神は「あること」と「すること」の両方に関与します。しかし、もし私たちが何をすることが賢明で神聖なことであるのかを知りたいのなら、それに気づけるのは、多くの場合、「あること」モードの中でなのです。この「あること」モードは柔軟性（flexibility）と開放性（openness）の場でもあり、神はそこで私たちの決定に影響を与えるチャンスの半分を持っているかもしれないのです。

『自分でできるマインドフルネス』の中で、マーク・ウィリアムズとダニー・ペンマンは、「すること」モードと「あること」モードの両方が持つ七つの特徴を述べています。これはシーガル、ウィリアムズ、ティーズデールによって以前なされた、うつになりやすい人々への臨床治験に関する重要な理論研究に基づくものです。ここでそれを繰り返し、詳しく述べることはしませんが、その考え方だけを紹介したいと思います。というのはこれから続く各章で、違ったやり方ですが、私たちが生活の中で、神の働きにもっとうまく心を開くことを可能にするために、「すること」から「あること」へと切り替える方法を探求していくからです。

第7章　神の現存を知る

Knowing God's Presence

「ただある」(just be) ことを信頼するために、よいスタート地点になるのは、神が私と共にここに「ただおられる」ということを知ることだと言えるでしょう。それで、私はここにいて、書く用意ができているのですが、私の心は（またも）あらゆる場所に行ってしまいます。心はその日にした会話を繰り返し、昼食に何を食べようかと考え、漂いながら、夢想にふけっているのです。神はどこにおられるのでしょう。なぜ私と共にここにいて、私が書くのを助けて下さらないのでしょう。

このような場合、もちろん答えは明白です。神はここにおられますが、私がここにいないのです。すでに見てきたように、神は常にここにおられ、「今」ここにのみ、おられます。神と明日の午前一時半に会うよう約束を入れようとしても無駄なことです。疑いなく、神は自分のポケットから時計を取り出され、それをちらっと見た後こんな風におっしゃるでしょう。「ウーン、ところであなたは今何をしているのだね。私はたまたまこんなに暇で時間があるのだが」と。でも、なんていうことでしょう、この私はというと、暇ではないのです。私は、まったく今ここにはおらず、過去と未来の多くのことで忙しいのです。私は今日の午後にすることについて考えており、天気はどうなるだろうかと思案しており、いくつもの重要な事案について思い巡らしているのです。今は神のためにさく時間が私にはないのです。けれども私は、明日の午前一一時半なら（おそらく！）スペースを作ることができるだろうと考えているのです。

神の現存を感じることや経験するという考えは難しいと感じるキリスト教徒もいるかもしれません。もし過去に神の現存を感じ取る力強い感覚を持っていた人なら、この感覚を決定的な瞬間と見なしたでしょう。そうでない他の人々は、これまで神をこの形で体験したことがないので、気持ちが少し萎えるでしょう。この人たちは神を体験の中で見出すのではなく、思索の中で神の意味を見出すかもしれません。けれども、もし人が今ここで神の現存を体験していなければ、その人が過去に神を感じたことがあるか、あるいは神についての深遠な思索を今持っているかどうかは大した問題ではないのです。伝道師のJ・ジョンがかつて言ったように、「私は『あなたが死ぬときの空の上のパイ』について話しているのではなく、私は『あなたが今待っているステーキ料理』について話しているのです！」（もしあなたがベジタリアンでないならばですが）。何という気の利いた言い回しでしょう。すべては「今ここ」についてのことなのです。もし私たちが神の現存を今ここで、私たちと共に体験しないのならば、私たちは神の現存を決して体験することはないのです。

ヒントは「現存」（presence）という言葉の中にあります。神は今も、これからも、私たちにとり、ただ現在の瞬間にのみおられます。イエスは語りました。「時は満ち、神の国は近づいた」「明日のことを思い悩むな」「私たちに今日の糧を与えてください」。それぞれで強調される時間は、今ここです。私たちが神を体験できるのは、この瞬間であって、他の時ではないのです。そして、『自分でできるマインドフルネス』の構想によれば、この瞬間に「ある」(be)ことを実習することで、私たちは「あること」モードをさらに体験するのです。

なぜ私たちはこれをそんなに難しく思うのでしょうか。なぜ私たちはそれほど多くの時間、心の中で、どこか別のところに行くことを「好む」(prefer)のでしょうか。私は「好む」と鍵カッコ付きで書きました。というのは私たちがこれを選んだのではなく、むしろただそうなっているだけだと思えるからです。何が起こっているのでしょうか。おそらくそこには多くの理由があります。

明らかなことは、現在の瞬間がいつも好ましいものというわけではないからです。少しばかり心地よくなかったり、あからさまにぞっとするようなものであったりさえする場合があります。私たちは、神の現存は常に平和で穏やかで心地よいものと誤って思い込んでいる可能性があります。しかしこれは必ず正しいわけではありません。確かにイエスの存在は弟子たちにとり、しばしば極端に居心地の悪いものであり、時には彼らにとり、危険でもありました。『ライオンと魔女』〔C・S・ルイスの「ナルニア国物語」七部作の第一作目〕の中で、ルーシィが初めて大きなアスラン（ライオン）を見た時、彼女の友達のミスター・ビーバーに「彼、大丈夫?」と言ったように。ミスター・ビーバーは答えます。「とんでもない、誰が大丈夫なんて言うんだ。彼は素晴らしいよ[16]」。神の現存は心地よくもなく、安全でもないかもしれません。でも常に素晴らしいのです。しかしながら、もし私たちが別の方法を学ぶことができないなら、私たちの本能は心地よくないことや、ぞっとすることを避け、逃れようとするでしょう（それは、今は乗り越えているように思えるのですが、私が次の章を書き始めようとする時に感じる困難な状況に似ています）。そしてもっと心地よい考えやアイデアにはまり込むのです。

私たちが今の瞬間に、実際の体験に現存することが難しいと思う、もう一つの理由は、思考に時間の多くを費やすという人間の傾向です。私に数グラムの今の瞬間の体験が与えられるとするなら、私はそれを実際に体験するのではなく、頭の中でそれを数キログラムの分析にかけることに没頭するのです。人間の頭は分析するための膨大な容量を持っており、それは実際に多くの仕方で私たちに役立っています。しかしこれは、特に現在の瞬間が心地よくない場合には、現在の瞬間を避けようとするまさにもう一つの道になってしまうのです。心のトリックの一つは、遠くの過去から、遠くの未来へ動いていく現在進行中の自分自身の体験を、物語として解釈する中に、今の瞬間を当てはめようとすることです。このようにして、今の瞬間を過去の似たような状況と比べることで意味づけようとしたり、おおよそ同様な体験を将来に持ちたいと思ったりするのです。かつて妻と私は散歩の時や休日に、私たちが新しい場所に来て、そこが気に入ったときにはすぐに、「またここに来ないとね」とか、「前に来たことがなかったのはなぜ？」と言うのが癖でした。実のところ私たちは今でも、まだ言っています。しかし今はこの瞬間――定義から言って、以前に決して起こったことがなく、これからも二度と決して起こることのない、あるがままの、この瞬間――を体験するための冗談になっています。同じように見える多くの体験があります。しかしそれは他のどの体験でもなく、この体験なのです。そして、もし私が私と共にいる神の現存を知ろうと求めるならば、私はこの瞬間とこの体験を見つめる必要があります。なぜならそこは神が今まさに私のためにおられるところだからです。もし、私がこの瞬間に完全に現存する方法を見出せるなら、私は神とデートしているのです。

また、次のような別の疑問が出るかもしれません。私たちは実際に神の現存を知りたいと思っているのでしょうか。それとも私たちは自分が選ぶという特定の体験を持ちたいと思っているのでしょうか。皆さんは次のような冗談を聞いたことがないでしょうか。ある男の乗っていた小さなボートが転覆し、男は神に助けに来てくださいと祈ります。別のボート、水難救助艇、さらにヘリコプターもやってきましたが、神が祈りに応えてくださるに違いないと固く信じている男はすべて断ってしまいます。彼は沈み、死にました。そして天国へ行き、そこで不機嫌な顔で、神に、忙しすぎて助けに来ることができなかったのかと尋ねました。神はそれに対し「私は二隻の船とヘリコプターを送ったよ。それ以上に何が望みだったのかね」と答えました。これが私たちの落とし穴だと思います。私は人生で沢山の楽しい体験をし、わずかな不愉快な体験をしましたが、楽しい体験をもっとほしいと望むのです。これが正しく神を求めることでしょうか。そうではありません。明らかに神は神であり、その時点で私たちにとって好ましかったり、そうでなかったりしたとしても、神は私たちに善、真理、美なるものとして来られます。もし私たちが神を知りたいと望むなら、私たちはどのように神が来られようとも、心を開いていることを学ぶ必要があるのです。

けれども、それぞれの章での問いは、「どのようにして?」ということでしょう。私たちは、私と共にいる神を知ることができるように、今ここにもっと心を開き、現存することを学ぶ必要があることがわかっています。けれどもどのようにしてするのでしょう。そしてマインドフルネスはどのように助けとなるのでしょう。

私たちがコースで学ぶ最初のエクササイズの一つは、「ボディ・スキャン」です。以下にボディ・スキャンがどのようなものかざっと示します。

「足の裏の感覚」に気づくエクササイズ

座った状態で（そして本を読みながらこのエクササイズをしてかまいません）、気づきを呼吸に向けます。ただ呼吸に気づくことから始めます。いつものように、この気づきは、今日の呼吸がどのようであるか――早いか、遅いか、深いか、浅いか、ではなく、ただ呼吸に気づくようにします。注意を呼吸に向けるのです。そして、呼吸に注意を向ける明確な方法は、息が自然に入り、出る際の体の動き、大きい動き、小さい動きに気づくことです。最もはっきりとした動きは胸とお腹のあたりにあります。そこで、ほんのわずかの間、呼吸に注意を向け、その動きとリズムを感じるようにします。次に、用意ができたと感じたら、注意を体から足の裏に移動させます。そして、足の裏の感覚に何か気づけるかをみます。私は今日靴を履いていないので足の下のカーペットの柔らかさを感じることができます。そして下に向けて押しながら圧力の感覚を作っている膝から下の足の重みを感じることができます。さらに、足の裏の異なる部分にごくかすかなチクチク感があります。ちょうど今、両足の親指の付け根のふくらみの回りに最もチクチク感を感じます。皆さんがどのように気づいているか私は分かりませんが、私は親指の付け根にふくらみがあると感じています。私がこれまで全く気づくことのなかったものに気づいているのです。一方で、今日は自分の足の裏に何の感覚も感じないかもしれません。そのような場合でも失うものは何もありません。というのは大事な点は、何に気づくかではなく、気づくことだからです。何もないことに気づくことは、何かがあると気づくことと同様に意味があります。感覚は時間と共に変化していきます。ですから、足の裏への注意を保ちたいと思うならそのようにして、何が生じるかをみるとよいでしょう。それから、もう十分と感じたらこのエクササイズを終え、この本の先を読み続けます。

正式なボディ・スキャンでは、おおよそこのように始めて、体の感覚を調べていくために、注意をゆっくりと体の一つの部分から次の部分へと移動させていきます。通常、このエクササイズはマットか、あるいはベッドに横たわり、それぞれの段階を通してガイド（ないしＣＤ）の導きに従って行います。呼吸を用いる技法は、体のある特定の部分に直接に注意を向ける助けとなり、また他の部分に移動する前に、気づきの中で、直前部分を手放す助けとなります。けれども肝要なことは、体を巡り、そこにある感覚に集中するというシンプルな（しかし、今一度言うなら、とても難しい）注意のエクササイズそのものにあります。

今、皆さんはこれはとてもスピリチュアルな活動とは思えないと考えているかもしれません。でも、このエクササイズがいかに、私たちが神の現存のほうに向きを変える助けとなるのか話させてください。

この（およそ一五分から四〇分間続く）エクササイズを最初に行う時、ほとんどの人が体験する傾向は、自分の心がいかに「現存していない」（un-present）かにに気づくということです。事実上、誰もが、それほど経たないうちに、足の裏の感覚よりも興味があり、急を要すると思われる、あらゆる類の事柄に心がさ迷い始めたとコメントすることでしょう。このさ迷いは、その日の残りの時間あるいは夜の時間について計画することから、その日起きた出来事や会話を思い出したり、他の様々な記憶やイメージを思い出したり、将来についての心配や不安を感じていたり、あるいはただ心が漂っていたり、夢見ていたりなどに広がります。このような心のさ迷い（mind-wandering）のうち、あるものは心地よいものであり、そこに留まることに誘い込まれます。あるいは心地よくないものの場合、それを取り除こうとします。つまり、それがどのような場合であっても、解決したり、消去しようとするために、通常そのことをよけいに考え込んでしまうということなのです。どちらの場合でも、私たちはエクササイズを行っている部屋と自分の体の感覚から遠く離れたところにいて、ガイドやＣＤが突然、「では、注意をあなたの肩に移してください」と言うのを聞いた時、どうしてそんなところにいたのかと不思議に思うのです。私が最後にその声を聞いたのは、まだ左の足首に留まっていたのに！

私が訓練した一人のインストラクターが打ち明けてくれたのですが、彼女は数か月前にボディ・スキャンが、実際のところ、左の膝と足首の間の様々な足の部分すべてに及ぶことに気づいたというのです。

グリーンベルト・キリスト教芸術音楽フェスティバルで、私が一年間指導していたボディ・スキャンのセッションに、青年グループのメンバー幾人かがやって来ました。終わった後で、どうだったと聞いたところ、三人とも楽しく過ごせたと言ってくれたのですが、それぞれ、体のどの部分で眠りに陥ったかを議論しはじめました。一人は左の足首で、別の一人は右の膝で、三人目は（自慢しながら）右のお尻に来てからと答えました。それ以降は三人とも至福に満ちた眠りだったのです。この点で難しいのは、参加者が自分を裁くことと競争心を手放し、ただ、自分が気づいたことに価値を見出せるように助けることです。そして心がどのくらい現在の瞬間の体験からさ迷い出たかに気づくことが、よりマインドフルになるために絶対欠かせない最初のステップなのです。私たちは競争することや、一層頑張ることで、よりマインドフルになることはできません。そうではなく、最初の段階で、自分がどうやらマインドフルでないらしいことに気づくことによって、それ自体がよりマインドフルになるのです。分かりましたか。

私の場合、各瞬間の体験に、どのくらいの間、自分の心が留まっていないかに気づき始めた時、各瞬間に留まることをエクササイズとして忍耐強く続け、これによって、本当に大切な三つのことに気づくことができました。

第一は、体は現在の瞬間ここにあるだけなので、各瞬間ごとに、体の感覚に集中するエクササイズをしている時、現在の瞬間ここに「ある」というスキルを実際に訓練しているのです。これは要するに、心のスキルであり、時間をとって学ぶものなのです。というのは長い間、私たちは、心が望むときにはいつでも自由に（過去や未来の中で）ただ、ぼーっとするのに任せていたからです。けれども、私が言いたいのは、このスキルを学ぶことは、ただ常に「今」ここにしかおられない神に意識を向ける大事な鍵なのだということです。

第二は、私が5章で紹介した、神が自分の右膝とどのような関わりがあるのか知りたいと思った女性がよい例となっています。私たちが神を体験する唯一の道は自分の感覚を通してだけです。私たち人間が存在できる場所は、この物質的な世界の中で五感を通して物事を体験する以外、他にないのです。もしも神が私たちと交わることを望んだとしても、また、私たちを安心させたい、あるいは、私たちを困惑させたいとしても、また、私たちに確信をもたらし、私たちを導くことを望まれたとしても、それは私たちの感覚（私はこれに心の中の思考も含めます）を通してなのです。ですから、体と感覚にいっそう同調することは、再びですが、神に現存するための鍵となるのです。

第三に、ボディ・スキャンの間、ありがたいことに、むしろ、まったく感じたり、経験したりしたくない不快な感覚に気づくことが普通に生じます。もし私が右膝に痛みを感じているなら、右膝が実際に関与し始めるということです。というのはマインドフルネスによるアプローチは、それが心地よかろうとそうでなかろうと、すべての感覚に、可能な限り完全に現存することだからです。そしてこれは、私にとって、時に、神の存在が心地よいものでない場合であっても、もし私が神に現存することを望むのであるなら、そのためのとてもよいエクササイズとなるのです。

ですから、私たちの心をこの瞬間にもっと現存させるエクササイズをすること、自分自身の体の感覚にいっそう同調するエクササイズをすること、そしてたとえその体験が好ましいものでなくても、そこに留まることを学ぶのは、「私たちと共におられる神」を体験することに向けて、自分自身を開くためのすべての鍵なのです。

この章を締めくくるにあたって、私にとって、いつもとても力強い物語となっているコーリー・テン・ブーム（Corrie Ten Boom）について話したいと思います。[17] 彼女の家族は、第二次世界大戦中、ナチス占領下のオランダで難民ユダヤ人をかくまっていました。彼女は自分たち家族が捕えられ、強制収容所に送られたらどうしようかと心配していました。父親は彼女に深く同情し、神が家族を助けてくれるだろうと諭しました。けれども、コーリーは異議を唱え、逮捕と強制所送りの考えが自分を恐怖と心配に陥れていると言いました。そこで父親は彼女が小さかった頃、学校へ行くために彼女を駅まで連れて行ったことを思い出させ、彼女がその時に手に切符を持っていたかと尋ねました。「いいえ」と彼女は答えました。父親は彼女が列車に乗り込もうとするその時に、切符を渡したのでした。「だから、もし私たちが捕まることがあるとしたら、その時そうなるのだよ」と父親は話し、「今は、私たちには切符は必要ない。しかしその時が来たら、神は共にいてくださり、訪れる運命と共に私たちが生きるに必要なもの以上を私たちに与えてくださるのだ」と話したのでした。

神は明日の私たちに現存するのではありません。神は昨日の私たちに現存するのでもありません。

神は常に今日の私たちにのみ現存するのです。しかし、明日が来れば、それは現在となり、神はそこにおられます。さあ、確かめましょう、明日が来れば私たちもそこに現存することを。

第8章　神を信頼する

Trusting God

神の現存を体験するということは、今ここに現存し、自分の感覚に意識を向けるというだけの話ではありません。それは同時に、神を信頼することでもあります。私たちは本来、神を信頼するはずのものなのです。しかしそれはどういう意味であり、私たちはどのように神を信頼するのでしょうか？だれもがこれまでに、困難な状況の只中で何かの形で神を信頼するようにと熱心に勧められたことがあるでしょう。しかしそういう勧めに対してどう反応すればいいのか、いくつかの疑問が生じます。一つには、「自分は何もしなくていいという意味なのか？」という疑問です。言い換えるなら、信頼とはただ受け身になるということなのでしょうか。これは考える必要のある大切なことです。なぜなら、キリスト教の霊性というものは注意を怠った場合、自主性のないものになってしまう危険性があるからです。困難なことに対して、これは神の意志に違いないと簡単に受け入れてしまうことは、信頼のように聞こえるかもしれません。しかし神が私たちにして欲しいと思っていること、例えば、不正に立ち向かうであるとか、ある特定の苦しみが再び起こらないように新たな努力をするといったことを避けることにもなりかねません。ですから、これは、自分は何もしないというようなことではありません。それは恐れや欲望を表すのではなく、むしろ信頼を表す方法を学ぶという意味であるべきだと思うのです。しかし、またこういう疑問もあるかもしれません。「私は信頼することができない！　どのように信頼すればいいのだ？」。私はマルコ福音書六章に描かれているナザレの人々に同情を感じることがよくあります。そこでは、人々の信仰が欠けていたために、イエスは奇跡を起こすことができませんでした。彼らにとって信仰は難しいことでした。なぜなら、彼らはイエスが鼻水を垂らしながら通りを駆け回っていた、いたずら小僧だった頃から知ってたからです。そんな彼らが、どうすれば、突然救世主としてイエスを受け入れることができたでしょう。どのようにすればイエスに対してそれまで抱いていた根強いイメージを消して、新しく聖なる者として受け入れることができたでしょうか。

　また、信頼するということがどういうことかを考える時、気になる言葉があります。「手放す」(letting go) という言葉です。キリスト教の霊性の主要な原動力 (dynamic) に、手放す力、特に恐れや欲望が原因となってしがみついているものを手放す力があるということができます。イエスは自分が神と等しいことを手放し (フィリピ二章)、それに伴う全ての栄光と地位を手放し、「僕 (しもべ) の身分になり人間と同じ者」になりました。いったん人間となってからは、使命に従うために、富、安全、安らかな家庭、家族の安らぎをも手放しました。最後の晩餐では食事の際に弟子たちの足を清める (僕の役を果たし)、弟子たちが抱いていた先生という身分さえ手放しました。裁判の間には自分を守る権利を放棄することで、自分に対する人々の評判を手放しました。そして最後に、命そのものを手放しました。それは彼がどの一人の人間の命よりも偉大であると信じた神への信頼の究極の表し方でした。それによって、まさに、そのことによってのみ、イエスは自分が信頼を置いた神によって、完全に異なる質の命、いわゆる「復活の命」へと高められたのです。この種の命に至るたった一つの道は神への信頼であり、それは、自分自身の恐れと欲望によって支配されたそれまでの命を絶えず手放すことによってのみ見出されるのです。私たちは手放さない人生を安全だと感じがちですが、それは復活の命ではありません。それはイエスが私たちに約束した真実で自由そのものの「豊かに受ける命」〔ヨハネ一〇・一〇〕ではありません。

しかしここで最初の質問に戻ってみましょう。ここにはもう一つ別の問いがあります。「どのように手放すのか」ということです。この問いは、これまでに何か一つのことに少し執着したことがあり、人からそれを手放すように言われたことがある人にとっては、非常に強い感情を引き起こすかもしれません。この問いに対する反応は"I WOULD LET IT GO IF I COULD LET IT GO BUT I CAN'T LET IT GO!!!"「**できるものなら手放したい！　でもできない!!!**」です（大文字で書いているのは、そうです、叫んでいるのです）。問題なのは、実際には、このように言うことは全くないということです。というのはそのように言うことは負けを認めたり、信仰が足りないと思われるからです。そこで代わりに、おそらく小声で静かにこれをつぶやきながら、その忠告を受け入れるふりをするのです。

マインドフルネスはこれに役立つのでしょうか（もちろんこれは形式的な問いです。皆さんはこの本の中ではどんな疑問であろうとも、いつもマインドフルネスが答えであることをすでに知っているのですから)。

まず、執着（clinging）している人がどのように気づきを育てていくかという課題があります。これは大変難しいことです。なぜなら、もし私が強迫観念や依存、あるいは救いがたい悪習に陥っているなら、何かが私にとりつき、自分はそこから逃れられないという感覚に容易に襲われてしまうからです。私は時々この種の経験というのは、私の感覚の背後で悪や悪魔に支配されているのではないかと思うことがあります。ある人にとっては、無力感のためにそのように思えるのでしょう。すなわち、自分は選べるのならこの習慣を変えたいと思っている。だから、自分以外の何かが執着を生じさせ、私を無能力にしているに違いないと思うのです。これを簡単に否定して、執着をおこしているのは自分自身なのだとむりやり言いきかせるのはあまり役に立ちません。自分自身で真実を経験し始めないかぎりは役に立たないのです。これは6章で取りくんだ問題に戻ることになりますが、私たちは実際のところ自由意志を持っているのですが、繰り返し行う習慣によって、自由意志とそれを選択する場所が無意識の非常に深い部分に埋もれてしまっています。そのためにそれを感じることがほとんどなく、そこに近づくことはさらになくなるのです。そして毎日の経験の中で選択肢がとても少ないと感じるのです。しかし自己への気づきを高めていくにつれて、執着を起こしているのが本当のところは自分であり、私がこれまで言及してきた自分自身の恐れと欲望という二つがいろいろな形で駆り立てられて、執着を起こしているのだということが受け入れられるようになっていくでしょう。

私の場合、マインドフルネスのエクササイズにおけるこの気づきのプロセスは、注意を向ける対象が呼吸、体など、何であろうとも、自分が注意を向けようとする時に繰り返し心が引っ張られるものに気づくようになることによって起こります。ある時点で、すぐに、あるいはそうではない時もありますが、このかすかな強迫観念の背後に何らかの形で欲望か恐れが存在することに気づきます。必死で他のことに気を紛らわそうとしますが、そこで起こっていることは自分が起こしているのだと気づくまでは何も変化は起きません。つまり、自分の生活の中でこれらのことがどのように生じているのかに気づくことは、手放しのプロセスにおける力強い第一歩なのです。

しかし手放しのプロセスは実際どのようなしくみで生じるのでしょうか？　恐れや欲望に向き合い、それに焦点を絞ることでは、手放すことができないのだということを理解するのはとても重要です。また、それらを取り払うための魔法が存在しているわけでもありません。ことによってはさらに深く植え付けられてしまいます。自分がとりつかれていると感じているもの（実際のところとりつかれているのです）に焦点を絞れば、それらにさらに力とエネルギーを与えてしまうだけです。ここで異なる戦略が必要となってきます。それは、それらを認めて、そう、ただそこにあるがままにさせるということです。わかっていますね、私たちには自分の恐れや欲望を取り除くことはできないのです。ですから、そんなことを試みるのは絶望的なことです。しかし、恐れや欲望との関係性を変えることは可能です。恐れや欲望がいったん表面に出てきたら、そこにあるがままにさせるというエクササイズをすることができます。そして、それらについて悩みすぎないようにしていると、次第に私たちの生活に影響を与えることがなくなっていきます。

もう一度言いますが、これは簡単ではなく、しっかり取りくむことが必要です。これに役立つマインドフルネスのエクササイズがたくさんあります。ボディ・スキャンでは体の一つの場所に意識を向けた後、それを手放すことは、次の場所に焦点を合わせるのと同じくらい大切なことです。この「常に手放し続ける」ということは練習を必要とする心のスキルの一つです。これは抑圧することとは違います（抑圧では決してうまくいきません）。なぜなら手放すことは、そこに存在しているものを完全に認識していることが先だつからです。その認識があって、心は次へ進みます。すなわち、それまで注意を向けていたものから離れるのです。同様に、注意を向ける対象に呼吸を用いる場合、前に述べたように、もっと興味深いものにすぐ心がひかれてしまうのが普通の体験です。このような場合、心がどこへさまよっていってしまったのかに気づき、注意を本来とどめるべき呼吸にそっと戻すようにという指示が与えられます。これもまた手放すことの一つの形です。気づいたら手放す。何度も何度もこれを行い、それが習慣になるまでするのです。

コースの後半で行われる、さらに完全な練習では、意識的に自分の思考とそのパターンに注意を向けていきますが、それは特定な方法で行います。これは思い浮かぶものすべてに思いを漂わせるということではありません。映画のスクリーンの前で思考が流れていくのを見ようとする時のように自分を仕向けていきます。思考に気づいたら、「あっ、思考だ」と思ってただそれを眺めます。その思考にとらわれて関わったり、解決を図ったり、戦ったりするのではなく、それが浮かび上がるのにまかせ、それ自身のペースで流れていくのに任せます。この練習でおもしろいところは、私たちには思考にすぐ飛びついて関わってしまう習慣があるために、思考にただ気づくことが極めて難しいのです。私たちは何かの中にはまり込み、それと同一化している時は、そのものの姿を見ることができません。何かの姿を見ることができるのは、それを見る場所が見つかった時だけです。その後、その思考を単に一つの思考と見なして、それを通過させるのです。ここにはさらに手放す形があります。これらの思考を抑えこむのでもなく、関わるのでもなく、その存在に気づき、その流れるままに放っておきます。するとそれらの思考が次第に力を失って、私たちへの影響が少なくなっていきます。恐れや欲から何かにしがみついているうちは、私たちは神を信頼することはできません。だから、私たちは手放す練習をして、神を信頼する能力が次第に育っていくのを知っていくのです。

映画「ビューティフル・マインド」は聡明な数学者ジョン・ナッシュが統合失調症からくる幻覚症状に悩まされる話です。(18) 彼は人の姿が幻覚として現れることに悩んでいました。それは彼の心の投影なのですが、彼にとって、その存在は自分の人生で出会った誰よりもリアルなものでした。青年の頃、彼はその幻覚存在と戦い、論争しますが、そのことにより、非常に深刻な悩みに陥ります。しかし、映画の終わりに近づくと、とても感動的なシーンがあります。彼が庭にあるテーブルで仕事をしていると、三人の人の姿が庭の片隅に現れます。彼が顔をあげ、そこに立っている彼らの姿を見て、それが彼らであることを確認すると、そのまま自分の仕事に戻ります。彼らはお互いに顔を見合わせ、肩をすくめ、去って行きます。これは彼の状態が安定してきている徴候です。統合失調症というラベルはなおも貼られたままですが、安定しているのです。幻覚存在は、私たちの思考や恐れや欲と同じように、常にそこに存在するのかもしれません。それでも私たちが手放す能力を発達させることを選び取り、もうそれらによって支配されないようになることは可能なのです。

しかし、ここで私たちは問いに戻る必要があります。「これでおしまい?」「何もするなってこと?」「神を信じることは全てのことをただ手放すということ?」。さてここで、私が前に述べたように、このことは消極的であるということとは全く異なります。必要な行動、あるいは、すればいいという行動がいくつかあるのかもしれません。しかし手放すという方法を練習して、神を信じる能力を開発することができれば、もっと多くの選択肢を見出すことができます。なぜなら自分の恐れや欲にとりつかれて、それに支配されることが次第になくなっていくからです。しかしまた、どんな行動が恐れから生じ、どんな行動が信頼と信仰から生まれているのかがもっと明確になっていくのがわかるでしょう。

この章の最後に、いつも私たちを悩ませ続けている大切な問題を示します。これは私たちのグリーンベルトセッションの一つに参加している人のおかげなのですが、私がこのテーマについて話した後、その人はこの話はその日の少し前にムフォ・ツツが話したことと関係があると言いました。それはムフォが父親であるデズモンド・ツツ〔南アフリカの聖公会大主教。反アパルトヘイト活動家であり、「真実・和解委員会」委員長を務めた。ノーベル平和賞受賞者〕と共に書いた『赦すことについての本』(*The Book of Forgiving*)のことでした。[19] 彼らは赦しの四つの道として、物語を語ること、傷に名前を付けること、赦しを認めること、そしてその関係を新しいものにする、あるいは関係を解放する、解除するということをあげています。

会場のその女性は、私が説明した「手放す」というスキルがここでの五番目の道になり得るのではないかと言いました。当然のことながら、私はこのことについてはとても慎重です。なぜなら他者から深く傷つけられたり虐げられたりした人、不当な扱いを受けた人に対して、それを手放すべきだと言うのは恐ろしいほど無神経なことであり、言われた人は、間違いなく、それまで苦しんできた傷の深さや心の傷を無視されていると感じるでしょう。とはいえ一方で、ある人が、ツツが理解した真の赦しのプロセスの四つの段階に真摯に取り組み、もう役に立たなくなってしまった辛いイメージや記憶に悩まされたくないと真に望んでいるのだとしたら、この練習が最後のステージをサポートする可能性も出てくるのではないでしょうか？　私にはツツが証言したような虐待の苦しみを経験してきた人に対して自分が意見を述べることができるとは思えません。しかし過去に不当な扱いを受けたという思いがあり、これまで適切な形で対処してきたにもかかわらずいまだに記憶が戻り、心をかき乱されることがある場合、さらには、それまでいい気分でいたのが突如として闘争的な怒りに変わったりすることがよくある場合、私が自分の人生で求めていこうとしているのは、他ならぬこの方法なのです。私が現在試みているのは映画で描かれていたジョン・ナッシュの行動です。古い傷はいまだにあると認めていますが、それでも、それに関わりを持たず、そのままにしておきます。するとそんな想いが次第に勢いを失っていき、その存在にほとんど気づかなくなっていくように思えます。そうです、おそらくそれは癒える時期なのかもしれません。しかし、必ずしもそうであるとは限りません。おそらく手放す技術を学んでいっていることに助けられているのでしょう。逆に、それにしがみつき、関わり、常に戦っているのなら、時が経っても癒されることはないでしょう。時は全く逆のことをすることだってあるかもしれません。

手放すことは、結局最後にはできるようになるでしょう。手放すことというのは、赦すこと、そして神を信じることを学ぶことのどちらにとっても重要な役割を担っていると思います。

第9章　神の意志を知る

Knowing God's will

前の章で神を信頼することは（時に何もしないということがあったとしても）、必ずしも何もしないということではないと書きました。ここから、「もし私がこの信頼に応えるために何かをすべきであるなら、どのようにして、それを知ることができるのか。私たちは神の意志をどのように知ることができるのか」という問いが出てきます。

これは悩ましい問いです。というのは神の意志という考えは特別な知識があると言い張る人たちに安易に乱用されたり、操られたりする可能性があるからであり、一方、そのような知識のない人たちには少々困惑を与えるからです。何が神の意志であって、何がそうでないのかを決めるのに役立つ様々な種類の「評価基準」（tests）があります。例えば、聖書の助言、教会の規範や賢明な友人の考えなどです。けれどもこれは絶対的なものではありません。聖書の理解は深まっているのですが、解釈はそう簡単ではありません。教会は時に過ちを犯してきたことを認めています。またヨブは賢明な友人たちがいつも信頼できるわけではないことをあなたに教える最初の人物かもしれません。私たちが、すべて道徳的であり、聖書に反しておらず、それなりに敬虔と言える二つあるいは三つの選択肢から一つを選ぼうとする時に何が起こるのでしょうか。私がたまたま、後押しとなる選りすぐりの聖書の箇所を見つけたとしても、私の気持ちの傾いているものが神の意志であるのか、それとも自分自身の意志なのかどのように知ることができるのでしょうか。

このテーマに関する私のお気に入りの物語の一つは、聖職按手式に向けて三日間のリトリートに行くように求められた、ある聖職按手候補者（ordinand）についての物語です。リトリートは塀でまったく囲まれた主教の家と庭で行われました。唯一の出口は主教の家の正面玄関であり、それは主教の執務室の隣でした。ある日の午後、主教は庭を歩いていて、この聖職按手候補者が庭の塀をよじ登っている姿を発見しました。この候補者が思わず自分を正当化しようとして「すみません主教様、今日の午後ショッピングに行くべきだとの聖霊の促しが、私もよいアイデアだと思えたのです」と言った時、主教は眉をつり上げただけでした。そして主教は目をしばたたかせながら、「やれやれ、妙なことに、君も聖霊も間違っている、今日の午後、店は早じまいだからね」と返答したのでした（若い世代の読者に向けて言っておくと、その昔、週に一日は、すべての店がランチタイムに閉まり、これを「早じまい」と言いました）。

神の意志について誰が正しいのかという終わりがなく、実りのない探求は、何が知恵を構成し、私たちはどのようにその知恵の中で成長するのかという点から、問題を見直す必要があるのではないかと感じさせます。つまり、時が来たとき、私たちは何が正しいかをただ知るだけであり、さもなければ、少なくとも徐々に知るようになっていくのです。先ほどの物語をカルメル山〔神の山ホレブ〕でのエリヤの物語と比べてみましょう。

列王記上の一九章で、エリヤはジレンマの只中にあり、神の意志を知ることが必要でした。神はエリヤをカルメル山の頂きに連れて行き、そこで立っているように言います。そのとき激しい風が吹き、続いて地震、そして火が生じます。しかし神はこのような激しく、騒がしい、どの出来事の中にもいません。エリヤはそれが分かったようで、待つことを続け、そして「静かにささやく声」（AV〔Authorized Version〕）ないし「まったくの沈黙の音」（NRSV〔New Revised Standard Version〕）を聞きます。そして彼はこれが主の声であると分かり、その声は彼に語り、彼の未来を開きます。しかしエリヤはどのように分かったのでしょうか。聖書の中で、神はあらゆる自然現象のたぐいを通して語るように思えます。聖霊降臨に際して、神は非常にはっきりと火と風の中にいたのです。ではエリヤはどのように、この火や、この風の中に神の声がないことを知ることができたのでしょう。

問題は私たちの周りには、あまりにも多くの声が渦巻いているということです。私の場合、ほとんどの声は、私の内側の様々なところからやって来る憧れ、欲望、恐れ、空想という私自身の内なる声です。声のあるものは、これは正しい、これは間違っていると諭す、私の幼いころの母や父からの声なのです。これを恥ずべきだ、その年齢までにこれを成し遂げるべきだと私に告げる声なのです。声のほとんどは、一方で欲望（私がいっそう欲しいもの）を表し、もう一方は嫌悪（私がいっそう避けたいもの）を表すものに分けることができます。そしてこれらの声は――風や火や地震と同じくらい大きく――とても抑えきれない声であり、私たちが真実な神の「静かにささやく声」をはっきり聴こうとする中に、当然のように割り込んでくることができるのです。これに加えるべきは、私たちが自分の欲望や嫌悪に十分に気づいていないことが多いということです。私たちは若いころに、ある欲望は恥ずべきものであり、ある嫌悪は「不適切なもの」であると学び、それをほとんど意識しないくらい深く埋めてしまっているのかもしれません。しかしそのような声はいまだに働いており、(神の声を)聴こうとすることに影響を与えるのです。

この知恵の声を求めるという解釈で神の意志を知ることとは、自分の欲望と嫌悪の形をとって現れる自分の意志にもっと気づくことから始まります。もしこのような欲望と嫌悪を、よりはっきりと見ることができるなら、私たちはその様々な泡のなかから真実なものを見分けるチャンスの半分を得ることができるでしょう。そしてこれが、マインドフルネスが助けとなる部分なのです。

前の章で説明したエクササイズは、そのコツをつかむのが難しいものですが、基本的で非常に役立つスキルです。ですからここでもう少し深めていきたいと思います。このエクササイズは通常、「集中」(focus) のエクササイズをしばらくの間行う、第五週ないし第六週目で教えられます。

このエクササイズに取り組む前に、少なくとも「アンカー (錨)」という考えに親しんでおく必要があります。アンカーとは、この瞬間とこの場所 (space) に、最も明確に、私たちの注意が向けられる集中のことです。通常、それは私たちの呼吸あるいは体のある部分です。ですからこのエクササイズは呼吸に集中することから始めます。いつものように、別のことへの考え、心に浮かんだイメージへの捉われ、あるいはただの空想という心のさまよい (mind wandering) に素早く気づくようにします。

呼吸をアンカーにするために、できるだけ呼吸に留まるようにし、心がさまよい始めたら、その都度、呼吸に繰り返し戻ります。

このエクササイズの次のステージは興味深く、通常いっそう好ましく感じられるもので、まず注意を体全体の感覚に向け、そのあとで周囲の音に注意を向けます。音によって私たちはある種の注意のエクササイズを始めるのですが、これを思考に注意を向ける時に、短く使います。音を聞いたら、ただ音の高さ、音色、調子と長さだけを聞くようにし、音の中に意味を見出そうとしたり、物語を聞こうとはしません。ある音は好ましく、ある音はそうでないかもしれませんが、そのような関心はここでは持ちません。この時点ですべきことは、ただ聞くことで、私たちの意識的で理性的な物語を語る心を関わらせる必要はありません。もちろん、そのような心はいつでもそうしようとするので、心が音について考え始め、音の背後で物語を語り始め、さらには音が引き金になって思考の列車が知らぬ間に走り始めているのに気づいたらすぐに、音を音そのものとして聞くことに戻れるかを見るのです。

最後に、注意を思考そのものに向けるエクササイズに取り組みます。ここでのねらいは、私たちが音に向けたのと同じ質の注意を思考にも向けることができるかを見ることです。音を聞いた時と同じやり方で思考を思考として、ただ「聞く」ことができるでしょうか。思考に捉われず、思考に答えず、思考を修正するのでもなく、分析するのでも、裁くのでもなく、あたかも心の中で生じた心の出来事(mental events)としてだけで気づけるでしょうか。音をただあるがままの音としたように、その思考をあるがままの思考とできるでしょうか。残念ながら、再びその答えは通常「いいえ」です。普通は、代わりに次のようなことの一つが生じるのです。

私たちの多くにとって、奇妙なことに、他の何かに集中しようと取り組みながら、注意をこれまでずっと煩わされてきた思考に向けたとたん、その思考は完全に消えてしまうのです。夜の虫の群れに松明をかざす時と同じように、去ってしまい、何もないのです。このことが最初起こった時、とても当惑してしまいます。しかし、十分説得力のある理由で起こったこと、これはおそらく、私の思考が少しばかりシャイで、直接に見られるのを望まないのだということが分かり始めた時、私は思考に注意を払うのに、もっと穏やかで共感に満ちたアプローチをとることができるのだと気づいたのです。思考は、特に自分が厳しく裁かれると思うような場合、自分自身を見せることを望みません。ですから、この裁かないアプローチがとても大事なのです。私たちは心の場にどんなものがあろうとも、それを受け入れるアプローチが必要です。すなわち、この嫌悪に満ちた考えや、あの悲惨なイメージというものを心に抱いたとしても、自分自身を責めても何もならないのです。より相応しいのは、このような思考が私の心の中にあることに気づくことです。そうすると、そのような思考をより適切に扱うことができるようになるでしょう。

別のとてもよくある経験は、自分の思考に気づくまでに、すでに思考の列車に乗せられ、しばらく乗ったままでいるというものです。どのように乗り込んだのかと不思議でさえあるのですが、それよりも大切な点は、思考の列車に乗り込んで、ただ思考の「列車から降り」、いわば、駅に戻り、別のなんらかの思考が生じるのに気づくのを待つことです。たまにあるのですが、ある思考が生じ、それに圧倒されたり、悩まされているのに気づきます。この状況では、私は、アンカーである呼吸に戻ることで、それらから離れることを選ぶことができます。もちろん、そうしてよいのです！　自分自身に寛容であること、そして自分が選択肢を持っていると感じるのはとても大切です。

徐々に、思考に関わったり、思考と一緒にどこかへ行ってしまうということなく、心の中で行き来する思考を体験し始めることができるようになります。そしてこれが、マインドフルネスにおける鍵となる概念であり、「あること」（being）モードの鍵となる特徴の一つである概念、すなわち、思考は事実ではなく、ただの思考であり、「心の出来事」に過ぎないということを確認し始める時なのです。ある特定の思考は本当であるかもしれないし、そうでないかもしれません。それは思考であり、事実ではないのです。私が書いているこの本は傑作になるかもしれないという考えを私が持ったとしても、この本は失敗する運命にあると昨日考えてしまったのと同じくらい事実ではないのです。私の冗談ですが（これは私の最初の本なので、これくらいの心の揺らぎは許されるでしょう！）。妻は私がまた食料を多く買いすぎたことにイライラしているという考え、私が書いたこの歌は本当にかなり良いという考え、小教区のある問題に関して、私は正しいとか、あるいは間違っているという考え、あれは素晴らしい説教だったという考え、「真実」が話されるべきだ、私のキャリアは頭打ちだ、などこれらすべては考えにすぎないのです。私の心に考えが現れてくるとき、それが正確な事実であると主張できないのは、他のいかなる考えとも同じなのです。もっとも抵抗し難い思考は一粒の真実を含んでいるかもしれません。だから抵抗し難いのでしょうが、それでもそれは思考にすぎないのです。

そこでこのことのコツをようやく摑めるようになると、この同じ原則を思考の背後に横たわる欲望と嫌悪に対して用いることができるようになります。時にイメージの姿であったり、アイデア、あるいは物語の形である強い欲望が生じると、私は（すでにエクササイズをしているので）、よりふさわしいポジションから、これを、とても手に入れたい何らかの欲望、あるいはしたい欲望であると気づきます。そして私は、すでに価値判断を入れずに気づくこともエクササイズしているので、このような欲望を持つことで自分を褒めたりもせず、責めることもしません。ただそのことに気づくだけです。これは私にとって、本当に興味深いものになります。「オーッ！　自分は仕事や実生活のなかで、あれやこれや、どんなに結果を望んでいたのかに気づいていなかった。しかし、私の心の中で絶えず繰り返し出てくる欲望がここにある」。あるいは「私はこの人々のことをどれほど嫌いであったかに気づいていなかった。しかし、この人たちが心に現れるたびに、自分が神経をとがらせていたことに気づいた。何と興味深いことか！」。これが「何とひどいことか」ではなく、ただ「何と興味深いことか」となっていることに注意してください。私たちは、心の中に浮かび上がってくるものをコントロールすることがほとんどできないことを認める必要があります。ですから、これはひどいことではないのです。ひどいのは、自分の偏見に全く気づかずに、関わりのある人を私がたえず排除したり、避けていたことなのです。

そこで、私たちは自分たちの本当の欲望と嫌悪（これらは私たちの恐ろしい風、火、地震なのですが）というノイズに少しずつ気づけるようになっていきます。そしてエクササイズをする中で、ちょうどエリヤのように、欲望と嫌悪をただ見つめ、そして過ぎ去らせる練習をしているのです。欲望と嫌悪はまだそこにあります。しかし少しずつ支配されなくなります。私たちは欲望と嫌悪を受けいれることも、手放すことも、どちらもできる力をつけていけます。別の言葉で言えば、私たちは選択肢を再び持つのです。初期の教会の「砂漠」の伝統で、男女の指導者たちはこれを「アパテイア」(*apatheia*)として知っていました。これは私たちが通常使う言葉「アパシー」(無関心、無感動)と同じようには用いられません。そうではなく、「公平無私」(disinterest)と訳すのがベストです「アパテイアのギリシア語は通常「不受動心」と訳される」。これは自分の欲望に気づいている状態のことなのですが、実際には、この欲望を十分に経験しながらも、もはや、それをどうしても実現せずにはいられないという気持ちにはならないというスキルを学んだ状態のことです。

とてもシンプルなのですが、これは、いかに私たちの欲望がその強度を失い始めるかであり、それによって、多くの場合かすかでありながらも、絶えず続く、神の「この道である」「それがあなたの道である」という声に、私たちがいっそう敏感になっていけるということなのです。そして私たちがこの声を聞き始めると、その声を真正であると感じ、また、なぜ以前はその声を聞くことができなかったかを不思議に思うのです。それは故郷の家に戻るようなものです。

そこでひとたび自分自身の意志に一層明確に気づけるようになっていくと、私たちは神の意志――真正で真実な「静かにささやく声」――を識別するより大きなチャンスを得るのです。そして、これが知恵の始まりです。

第10章　平和を見いだす

Finding Peace

　ここまでで神の現存が確信できるようになり、さらには神の意志を判別できるようになった気がするかもしれません。しかし私たちが混乱の中にある時、すなわち人生の状況に圧倒されている時にはどうなのでしょうか。苦悩の真っただ中にある時、私たちはどのようにして平和を見いだしていくのでしょうか？

「ジャック、あなたに信仰があることを神に感謝します。信仰がなければ、あなたはどうなっていたでしょう」。映画の小説版『シャドーランド』（*Shadowlands*〔邦題「永遠の愛に生きて」〕）の中で善良なチャプレンがC・S・ルイスに妻の葬儀の後、そう言います。それに対し、ルイスは答えます。「ハリー、申し訳ありません。そんなことはないのです。私にあるのは混乱だけです[20]」。

　私たちはキリスト教徒として、最も痛手を受ける状況にあっても、平和な心でいる鍵を持っていると思われるようです。混乱したり、怒ったり、落ち込んだりすることは信仰が足りない、あるいは信仰がうまく機能していない印であると見られがちです。やはり私たちは神が計らってくださるからこそ、全てのことがうまく行っているのだということがわかってないのでしょうか。自分の内面に平和のプリンスであるキリストが存在しないのでしょうか。しかし、私たちの多く、そしておそらく私たちのほとんどにとって、多くの場合、これは私たちが経験するものではないのです。私たちは、混乱、怒り、驚き、不安、心配、いらつき、そのほかの「不適切な」行動をどこかで経験したことがあるものです。キリスト教徒にとって特に難しいのは、冷静さを保つことができて当然とされているために、内心で平和を感じていなくても、外側では平和を保つようにしてしまうことです（マインドフルネスのインストラクターであると思われている私にはそのことが特によくわかります）。気をつけないと、動揺に対処するのではなく、次第に動揺を抑圧するようになり、それがさらに大きな問題となっていくのです。

ですから、キリスト教徒として、私が最初に申し上げたいのは、ルイスが素晴らしい形で示してくれたように、自分の経験について、もっと正直になることを学ぶ必要があるということです。もし状況が自分にとって不可解であり、今にも動揺の中に投げ出されそうになっている場合、そのことをただ認めることが必要です。私が申し上げたいのは、正直さと誠実さはすばらしい特質であり、それはどんな状況においても静けさを保つという能力よりも、さらに優れているということです。キリスト教徒（そしてマインドフルネスのインストラクター）も他の全ての人と同じように、プレッシャーを経験するのだということを知るのは大切なことです。それでも福音書の中に見られる力強く感動的な物語の多くは、嵐の真っただ中で平和を保つことはキリストにおいて経験できる何かであることを伝えようとしているように思えます。

最も明らかにそれが表されているように感じられるのは、マルコ福音書四章三五節から四一節の嵐を鎮めるイエスの話です。この話には二つの重要で対照的な部分があるように思えます。最初は、イエスが嵐の真っただ中にもかかわらず、心が穏やかであり、眠りが妨げられることもなかった様子が描かれた部分です。次は弟子たちが水の勢いに圧倒されているだけでなく、パニックに襲われていることを知り、イエスがその嵐を鎮める部分です。最初の部分はそのような状況にもかかわらず平和な心でいることについて、そして二番目は状況を変えることで平和をもたらすことについて語られています。どちらを期待するか、あるいは祈り求めるかは、状況によるでしょうが、明らかなのは、その状況をいつでも変えることができるわけではないということです。確かに福音書の最も核心を突く部分では、変えることのできない逆境――イエスが自分の使命を全うしようとするなら、変えることのできない逆境――が含まれており、それこそが受難です。内面においてぞっとするような恐怖に直面し、外面からは実際の恐怖に襲われたりしても、イエスは穏やかな静けさを保ち、全く威厳ある姿でした。ゲツセマネの場面で生々しく描かれるように、イエスは私たち人間と同じように恐怖が何であるかを明確に知っていました。しかし、この恐怖の場面においてさえ、どういうわけか、イエスはどこかに、より深い平和があることを知っていました。そして、その夜の恐ろしい混乱の体験の中にあっても、その平和は彼の中で保ち続けられたのです。

このようなたぐいの平和を誰でも知ることができるのでしょうか？　正直なところ、これはある特定のパーソナリティを持つ人々のためだけのものなのでしょうか？　それとも特殊な育ち方をした人だけのものなのでしょうか？　どうやらこのようなことに一歩先んじたスタートを切っている人がいるように思えます。しかし、そのような部類に入らない一人として、私にはマインドフルネスが助けになったと感じられるのです。

私にとって鍵となる箇所は、ルカ福音書五章一節から八節のペトロが初めてイエスに出会う場面です。ペトロは大変正直であり、自分の内面の確執を隠すことがない人物なので、私たちにとって、とてもよいモデルとなります。彼はイエスから舟を「沖」(deep water）に漕ぎ出すように言われ、（その時まで夜通し何もとれなかったのに）そこでおびただしい魚がとれます。ペトロは、イエスの足もとにひれ伏して、二つの重要な言葉を言います。「主よ、わたしから離れてください」、そして「わたしは罪深い者なのです」と。最初の言葉は特に興味深いものです。洗練された福音書のテキストでは、イエスを称える言葉をペトロに期待してしまうものです。しかし実際は、彼はイエスを遠ざけたいと感じます。これはペトロが問題を本当に捉えていたことを示していると私には思えるのです。普通ではない何かが生じており、それは聖なるものの存在、あるいはそれに似たような何かの現れを示し、ペトロはその時、まさに自分がそれにさらされていると感じたのです。彼は非常に居心地の悪さを感じ、それに対する彼の反応は——そのような状況に置かれた時、私たちのほとんどがするように——不快の原因となっているものを遠ざけようとすることでした。しかし、彼が私たちと違うところは、これはイエスに問題があるのではなく、自分に問題があるのだと認めていたということです。私たちは、ある状況や人が自分を不安にしたり、パニックを感じるような思いをさせられたりすると、それを、その状況やその人のせいにします。そしてその人や状況を遠ざけたいと考えるのは当然のことだと考えます。あるいはそれができないのであれば、その状況や人を避けることはまったく当然だと考えます。

マインドフルネスではこれを「回避」(avoidance)と呼び、これは人間に普通に備わっている本能だと認めるところから始めます。回避という戦術が私たちに生まれつき備わっているらしいということについては十分な理由があります。命にかかわる深刻な状況において、その戦術が実際に命を救うからです。もし道路の真ん中で時速三〇マイル〔約五〇キロ〕のスピードで近づいてくるバスに出遭ったとしたらどうでしょう?「走れ!」です。もしひどい風邪を引いた人が目の前で咳やくしゃみをするとしたならどうでしょう? 一歩身を引きます。進化論者の理論では、道端で蛇らしきものを見て逃げる傾向のある人が生き残ることができたのであり、その遺伝子が後世に伝えられてきたのだとします。その蛇らしきものを(一〇回のうち九回は)枝だろうと考える傾向のある人は(一〇回に一回は)蛇にかまれたのです。

回避という心理的本能は、私たちの中で非常に強いものです。しかし、これには二つの問題があります。その一つは、外的な状況を回避することや、それを変えたりすることが常に可能だとは限らないということです。受難の時のイエスやC・S・ルイスの妻が亡くなった後の状況などがそうです。もう一つの問題は、例えば感情の問題や心理的な問題など内的な不快感を、好ましくない外的状況を正常に戻そうとするやり方で変えたり回避したりすることはまったくうまくいかないように思われることです。問題をさらに悪くするか、あるいは感情を抑圧してしまうのです。これは短期的には効果があるように見えるかもしれませんが、先送りすることで、さらなる問題を引き起こしてしまいます。ですからもっと違う方法が必要なのです。マインドフルネスがここで力になるのは、自分にとって困難な事柄を回避する（avoiding）のではなく、それを受け入れ、そしてそれに接近する（approaching）という方法、すなわち私たちの直感に反した方法を育てるからです。嵐の中で平和を見いだすのは、回避することからではなく、それに接近していくことによってなのです。

さて、参加者の多くが気づいたように、これはマインドフルネスのコースの中でも楽しい部類のものではありません。そして多くの参加者にとって、関わることに大きなためらいがみられます。ここに入って行く前に、私たちは自分自身に優しくなる必要があると言うべきかもしれません。強要されたり、期待されてすべきではありません。身を引くことはいつでも可能であり、時にはそれが賢い場合もあります。しかしこのスキルは人生がもたらす、ずっと困難なこと――穏やかになることのない嵐――に対してもっとクリエイティブに、穏やかに関わることを可能にさせてくれる、とても力強いスキルになりうるものなのです。

このエクササイズは前章で述べたエクササイズの発展形ですが、次のように行います。これまでのように呼吸に意識を向けることから始め、次に注意を体全体に広げていきます。この最初の段階で、注意が他の考えに引っ張られた時はいつでもそれにただ気づき、呼吸、あるいは体に意識を戻します。この種の意識の集中エクササイズをするのは、「根を下ろす感覚」（the sense of rootedness）、あるいは「アンカーの感覚」(the sense of anchor) という大切な感覚を得るためです。これについて私が抱くイメージは、プールの中や、川の中にある何かをもっと近くで見たいと思い、落ちないように前のめりになっている人の姿というものです。自分自身をロープ、あるいは助けてくれる人の手につないで、岸にしっかり固定する時間をとることが大切です。目的は落ちることではなく、アンカーに触れて留まるということです。始めはただ見ることだけで十分です。

そして次のことを選択する場面になったら(CDあるいは先生の指示があったら)、その取り組みを変えます。はっきりと決心をして、自分に困難をもたらしている考えやイメージ、あるいは生活の具体的な出来事を心に受け入れます。緊張や不安、未解決の困難な状況などです。もしエクササイズの最初の段階で何かが浮かび上がっていることに気づいていたのなら、今はそれに少しのスペースを与える時であり、さらにそれが十分にそこにあるようにします。何も浮かび上がっていないようなら、困難なこと、痛みを感じていることを、意識的に思い出し、それに注意を向けるようにしてよいでしょう。そこで、これは「エクササイズ」であることを心に留め、決して簡単ではないスキルを学ぼうとしているので、これまでの人生で一番つらかったことから始めるようにしないほうがいいでしょう。スキルが少し上達するまでは、やさしい目標から始めるのが一番です。ピアノを学ぶ時、初めは真ん中のドから始めてハ長調の音階を学びますが、それは白鍵だけの音なので一番簡単だからです。変ロ短調から始めたら、すぐにいやになり、次のレッスンに行きたくなくなる可能性が高くなります。難しいことを選ぶ時には簡単なドの音階から始めましょう。

困難な状況を頭に浮かべると、嫌なことに向き合う時に自分がとるくせがあることに気づくでしょう。例えば、「回避」(avoidance) の場合、もっと楽しいことへ気をそらそうとします。「分析」(analysis) の場合、その状況に論理的な意味づけをしようとします。「修正」(fixing) の場合、何かの方法でそれを解決しようとします。「価値判断」(judging) の場合、誰のせいであるかを決めようとします。「物語の組み立て」(developing the narrative) の場合、どのような結末になって欲しいのか、あるいはどれくらい恐ろしい結末なのかを組み立てようとします。しかし私たちがそこで見たいのは、これらの心の働きを全て横に置いて、ただ目の前の困難に向き合い、そこにとどまることが可能かどうかなのです。もう一度言いますが、ほんの少しの間でも、そこにぐずぐずしていると、様々な回避の戦略に抵抗することが不可能であることがわかります。このような強迫的な考えにとりこまれない、助けとなる別の戦略があります。

心にこのような状況が起こったなら、意図的に注意を体に向けて、その状況に付随して起こってくる感覚があるかどうか見るようにします。何か感覚があってもなくてもそこにしばらくとどまり、ものごとをどうにかしようとするいつもの無駄な試みをするのではなく、体の感覚を探ります。特に何も感じないのであれば、しばらくの間、何か感覚がないか、体のまわりをさらに探ります（その部分のエクササイズをするだけです）。もし強い感覚、あるいは興味深い感覚があるのであれば、そこに注意を留めてよいでしょう。これはその感覚を取り去るためでもなければ、それを弱めるためでもなく、その感覚にただ留まるためです。感覚を探るために、その感覚に息を吹き込むようなイメージをするのもいいでしょう。その感覚が変わることもあれば、何も変わらないこともあるかもしれません。しかしここでも大切なのは困難な感情に向き合ったまま、そこにただ留まるということです。いつも無意識に使っている戦略を用いることはしません。その戦略の多くは状況を良くすることがないからです。

このエクササイズには様々な反応があります。私にも個人的な啓示となる発見がありました。時折、体に強い感情の起きることがありました。以前はそのことにどう対処していいか分からず、いつもできるだけ素早く、また効果的に、それを回避したり、抑圧したりしてきました。しかしそれは、その状況に対しても、また私のストレス・レベルにおいても役に立ちませんでした。そしてそれは、すぐ感情的になる習慣を強化し、また人生そのものに対する取り組み方としては、開放的であるよりは、むしろ閉鎖的であり、ものごとを安全に、そしてできるだけ自分のコントロールのもとに置こうとするやり方を強化してきたのです。

ある参加者は、この週のエクササイズで、家族間の深い亀裂が原因で長い間話をしていない姉妹に意識を向けました。その週の終わりの頃に、突然その姉妹から一本の電話がありました。その参加者は、その姉妹との関係にブランクがあり、これまでの多くの電話の場合、お互い非常にいやな感情が残るものだったと言っていました。しかし今回の場合、このエクササイズでかなり長い時間この困難な状況に向き合い、価値判断をしないように、また修正、分析をしないように練習をしていました。そのおかげで彼女の心はいっそう開かれ、電話に出た彼女の音声はまったく違っていたのです。私は二人に新しい何かが開かれた可能性があると感じました。

アトス山の東方正教会の修道僧である聖シルワン（St. Silouan）〔ロシア人。二六歳で聖山アトスに入り聖パンテレイモン修道院で一介の修道者として生涯をおくった。一八六六―一九三八〕は、さらにきっぱりとこう述べました。「地獄に意識的にとどまりなさい。そして絶望してはなりません」（“Keep your mind in hell, and despair not”〔訳文は古谷功監修、エドワード・プジョストフスキ訳『聖山アトスの修道者　シルワンの手記』〔あかし書房、一九八二年〕より〕。私たちのマインドフルネスのクラスでは「ゲスト・ハウス」と呼ばれるルーミー（Rumi）〔ジャラールッディーン・ルーミー（Jalaluddin Rumi）。イスラム教の神秘主義スーフィズムの詩人。「ゲスト・ハウス」は主著『精神的マスナヴィイ』に由来。一二〇七―一二七三〕の詩をよく利用します。[21] これは見るに値し、瞑想する価値があります。このとても挑戦的な詩は、何が起ころうとも人生の全てに心を開き、それに近づく態度を描いています。

コースでこのセッションをする時いつも使う挿絵があります。それはスタンリー・スペンサー（Stanly Spencer）〔英国の画家。聖書を題材とした作品で著名。一八九一―一九五九〕の「荒野のキリスト」（Christ in the Wilderness）として知られるシリーズの一つです。[22] 私が特に用いるのは、「スコーピオン」と呼ばれるもので、荒野でキリストが半分足を組んで座っている姿を描いたものですが、そこには自分の手のひらの中にいるサソリをじっと見つめ、あやしている姿があります。そのまなざしは恐れではなく、愛のまなざしです。そのサソリは彼の敵ではありません。彼は自分を守るために、逃げることも殺すこともできたはずだという人がいるかもしれません。私たちにとってそのような状況は恐れ、怒り、パニックなど底知れない不快感を引き起こします。しかし、スタンリーがキリストを見る驚くべきビジョンにおいては、静けさがあり、平和があり、そして愛があるのです。

人生の状況の多くは避けることもできず、うまく説明もできないものばかりです。それでもイエスは私たちに、そのような状況に打ちのめされないでいることができるのだと教えてくれます。私は、これが「平和」が意味するものであると考えます。暖かく居心地のよい感覚ではなく、嵐の中にとどまりながらもパニックにならない能力、またすでに十分なほど不快な状況に、自分自身の不安や恐れを加えない能力です。このマインドフルのエクササイズは他のどのエクササイズにもまして、私がこのような能力を自分の経験の中で見いだす助けとなりました。

第11章　内的いやし

'Inner Healing'

神に従うというのは、あらゆる環境の中で平和を見出すことだというわけではありません。時には環境そのものを変える必要があります。そして、その変えるべき環境とは「他者」ではなく、自分自身や、自分自身の内的生活（inner lives）ということかもしれません。そこで私たちはある分野で「内的いやし」（inner healing）として知られているテーマにたどり着きます。私は括弧付きで書きましたが、それは内的いやしがあたかも「外的いやし」（outer healing）とは違う何かのように区別するのは助けにならないだろうと思うからです。実際には、ただ「いやし」があるだけで、そこに身体的プロセスと精神的プロセスの両方が含まれるからです。そしてマインドフルネスでは、そのいやしを心と体が統合した全体のあらゆる部分を扱うものとみなします。しかし、私自身がマインドフルネスへの取り組みをストレス、抑うつ、不安の領域に焦点を当ててきたことから、私はいやしを情動的観点と心理的観点に絞っていこうと考えており、それで「内的いやし」と書くのです。

私は「内的いやし」を人間存在（human being）である私たちが可能性として持っている（心と体の）統合（whole）と自由を実現するプロセスとして定義したいと思います。これについてキリスト教の観点からは、統合に至っていない魂が純粋な愛に触れることでいやされ、それによって、魂が聖なる統合（divine wholeness）に引き寄せられるプロセスとして説明できると思います。では、マインドフルネスはこのプロセスのどの部分で役割を果たすのでしょうか。

いやしのプロセスで、マインドフルネスが特に貢献できるのは、症状をなくすことでも、その原因を取り除くことでもなく、私たちに痛みを生じさせたり、他者に痛みをもたらしたりする問題（things）との関係を変化させることなのです。神の仕事とは正しい関係の回復のことだと論じる人がいるかもしれません。イエスが一〇人の重い皮膚病の人をいやした時、（祭司によって回復される）共同体と彼らの関係、そして（戻ってきたそのうちの一人による感謝を通じた）イエスとの関係が本当の論点だったように思えます。イエスが屋根から降ろされた男をいやされた時、それは身体的ないやしというよりも、むしろイエスが強調したように、神との関係の回復でした。ですから、壊れた部分だと感じる問題と自分自身との関係こそが重要であり、これこそマインドフルネスが助けることのできる領域なのです。

けれども、マインドフルネスそのものを見る前に、もう一つの鍵となる神学上の原則（theological principle）を検討する必要があります。

おそらく十字架上のイエスに投げかけられた、もっとも痛ましい嘲りの一つは、「他人は救ったのに、自分は救えない」（マルコ一五・三一）という嘲りであり、これが特にいら立ちを与えたにちがいありません。なぜなら、これはイエスが抵抗した鍵となる誘惑の一つであり、イエスは自分を救おうと思えばできたはずなのにと私たちが思ってしまうかも知れないからです。けれども、彼以外の人間が選ぶことができず、従うしかない道――実際、私たちが自分自身を救うことができないという道――をイエスは自ら選ぶのです。

キリストの「二つの本性」として知られる初期の神学上の論争は、こういう理解の仕方に沿う形で解決されました。困難な点は、どのようにイエスの人間性をイエスの神性と調和させるかということでした。どちらが本当で、また、それはどの程度までなのか？　イエスが同時に人間性と神性を持ち、かつ、そのどちらも減じないなら、その時にのみ、イエスは、私たちを救う（すなわちいやす）ことが実際にできたのだと論じられ、この問題、すなわちイエスは完全な人間性と完全な神性の両方を持つということが理解されたのです。これは全体を見渡せる有利な地点あるいは視点を持っていないので、自分自身を救うことはできないという人間の経験に対する素直な判断に基づきます。私たちは自分自身の苦境にとらわれてしまいます。自分の置かれた状況にまきこまれないようにすることができる足掛かりがないのです。そうなのです、私たちは、自分たちに全く似た誰かを必要としたのです（さもなければ、その誰かは単なるスーパーマンであり、称賛できたとしても、私たちが決して同じようになることができない存在にすぎません）。しかし、同時に、私たちには全く似ていない誰かをも必要としたのです（それゆえ、その誰かとは、私たちを別の存在様式へと引き上げる有利な視点を持った存在となります）。

以上のことは、どちらかと言うと、すべて専門分野の事柄なのですが、理解を助ける非常に重要な概念なのです。もし私たちが自分自身をいやしたり救いを達成したりするのは、すべて自分自身にかかっていると思うと、私たちにできることを大きく損なってしまいます。しかし、キリスト教は、私たちの限られた理解や能力を越え、用いることのできるさらに大きなものがあると考えます。それは神の創意（divine imagination）――私たち自身の想像をはるかに超える人間性についてのビジョンです。そして、神の創意は私たちの限られた発想を超えるだけでなく、私たちに実際可能な現実に基づいたものでもあるのです。

ですから、いやしを行うのは神であり、聖霊が行うのです。けれども、これは私たちのほうで何もすることはないということなのでしょうか。私たちはただ座って、可能な限り（私たちはそうしないことが多いのですが）、辛抱強く、聖霊がその仕事を進めるのを待っているだけなのでしょうか。そうですね、このような誘惑を感じながらも、もちろん、残念ながら答えは、「いいえ」です。神は開かれた心と信頼という関係を通してのみこれまでも働いてこられたし、これからも働かれます。これはいやしのプロセスにおいて、私たちに非常に重要な役割が求められるということです。それは「許可を与える」ということです。これは治療質問用紙にチェックマークをただ入れていくよりも、もっと深く難しい仕事なのです。それは私たちの存在全体が関わること、とりわけ、私たちの意志全体が関わることが求められるのです。神は、外科医が無意識状態の患者を治療するように、単純に、私たちにはたらきかけたいと思われるのではありません。神は私たちが共同治療者（co-healers）になること、いやしのプロセスのあらゆる部分に、完全に同意して深く関わることを望まれるのです。

しかしこの「許可を与える」ことを、私たちはどのようにするのでしょうか。さて、これは2章で述べた、物事を暗闇から光の中に移すという発想とつながっています。ルカ福音書八章一七節でイエスは、「隠れているもので、あらわにならないものはなく、秘められたもので、人に知られず、公にならないものはない」と言います。問題は隠されていること（人生や人間における影の側面）であって、必ずしも隠されていることが悪いからという理由でなく、しばしば隠されているというそのことが理由なのです。私たちの仕事、すなわち「許可を与える」というのは、私たちの中で隠されている事柄を光の中にもたらすのを許すことに取り組むということです。その場合に、そして、その場合にのみ、聖霊は、私たちがその事柄との新しい関係に入ることを助けることができるようになるのです。そしてこれが、聖なる統合（divine wholeness）に引き寄せられるということに他ならないのです。

ではここで手早く現実のチェックをしましょう。これは難しいことです。実際とても難しいです。現在、私たちの人生において隠されている問題が、隠されているのには理由があるからです。その問題に伴う恥、恐れ、あるいは心の痛みのために、度々それらは隠されるのです。いやしのために、その問題を明るみに出す必要があります。しかし、もしその記憶、あるいは自分たちの隠された部分を呼び覚ますなら、恥や恐れなどの感情も引き起こしてしまいます。私たちはそのような感情を好みません。そこで無意識が言うのです。「隠したままにしよう――身を潜めて静かにしていよう！」。そしてそうするのです。

ここで私たちは、神は裁く神ではなく、柔和と慈しみの神であることを思い出すことがとても大切です。もちろん神は裁きますが、それは私たちが無罪であることを宣告するためなのです。もし私たちが、無意識にであっても、私たちに襲いかかり感情を害するのを待つ神というイメージを持っているならば、このいやしのプロセスを始めることなどありえないでしょう。

けれども、素晴らしいことに、愛の神の現存を前にして、問題を認めて、意識にもたらすこと、そのことだけで、私たちの問題のほぼ九〇パーセントがいやされるのです。なぜなら、これによって、私たちは問題との関係を、開かれた新しいものにすることができるからです。そうです、私たちは時々、聴罪司祭や精神科医、あるいは賢明な友人に助けを求めたいと感じるかもしれませんが、アメリカの精神療法の治療方法を理解しようとしていたクロコダイル・ダンディー〔映画の主人公〕が言った有名なセリフのように、「もし俺が問題に出くわしたら、俺はウォリーに話し、ウォリーはドンクに話し、ドンクは村の残りの者皆に話す、そうするとそれはもはや問題にはならないのさ」ということなのです。(23)

ところで私たちが自分の「問題」のある側面に気づいたときに生じる誘惑は、そこに自ら突入して分析し、それを自分自身で解決しようとすることです。私たち人間は一般的に、この傾向を強く持っています。人間の脳は、現在の状況がどのようなものなのか、そして、それがどうなって欲しいかを認識し、その後、現状と自分の欲求との差異を認識した結果生じた緊張の解決に必要なエネルギーを作り出すよう進化してきました。これは、専門分野では「不一致に基づく対処」(discrepancy-based processing)として知られるものです(読者の皆さんが感心しているのを感じます)。ですが、このアプローチの問題点は、すべてのことがこの方法で解決できるわけでないということです。特に感情の問題はそうです。感情の場合、この方法はあまり役に立たず、最悪の場合は問題をかえって難しくしてしまいます。それは修理することができないものを直そうとする際に大量のエネルギーを浪費するようなものです。対処中に、緊張とフラストレーションが加わり、それはいやしをさらに妨げることになります。

それに代わって私たちが学ぶ必要のあるスキルは、何かに気づいたら、その場所にただ留まり、そしてそこで見出したものと新しい関係に入ることを聖霊が助けてくれるように聖霊を信頼することです。それは裁きによる関係ではなく、愛による関係です。もしすべきことが何かそこにまだあるなら、私たちはやがてそれに気づけるでしょう、しかし、私たちが始めるに際して、必要なことは今に在り、開かれていて、そこに何が生じても、それを認め、裁かないことです。とにかく、どのようなものが生じようとも、それを認めるのに、勇気が必要であることを思い出してください。

マインドフルネスのエクササイズはこれをどのように助けてくれるのでしょうか。まず第一に、常に強調されるのは、価値判断しないことです。裁かれていると感じるのに神を持ち出す必要さえありません。私たち一人一人の中に十分すぎるほどの裁きがあり、それは厳しく裁く神という誤ったイメージに匹敵する、いやそれ以上のものがあります。これはマインドフルネスのクラスで、通常、最初に明確にすることの一つです。たとえばボディ・スキャンという、とてもシンプルで、感情レベルで中立的なエクササイズでさえ、家に帰宅する際に、次のセッションに心を向けながら、参加者は、

「ボディ・スキャンをうまくできなかったように感じる」「何もリラックスしたり、安らぎを感じられなかったので、自分にイライラした」「ボディ・スキャンのコツをまったく摑むことができなかった」「心がさまよい続けて、完全に失敗したと思った」などと話すのです。あるいは、もっと微妙ですが、実際には価値判断が入った表現（この場合はポジティブですが）で、「とてもうまくいったよ」「かなり進歩していると思った」などもあります。あるいは事実、価値判断がインストラクターや、エクササイズそのものに向けられる場合もあります。「このエクササイズは私には向いていなかった」「CDの声にイライラした」などです。インストラクターの最初の仕事は、参加者が暗黙の尺度や認められていない基準によって、どれほどたやすく自分や他の誰かを価値判断してしまうかに気づくようやさしく手助けすることです。

もちろん実際に、最初のセッションの後で家に帰る際に参加者が受ける指示は、ある特定の基準を完全に成し遂げるようにということでなく、何が起こるかにただ気づくように、どんなことに気づいたとしても、ただ何が起こったか、それについての何らの価値判断も必要がないという指示なのです。もちろん、私たちが気づいたことに、どのように対応するかについてのある種の判断をしなければならない時がやって来るでしょう。しかし最初の段階はいつも価値判断を控えるようにすることで、まずは、そこに何があるかに一層はっきりと気づくことです。おそらくどんな対応の必要もないでしょうが、以前に自分が気づかなかった部分を認識する必要があるのです。けれども、価値判断しないという目的に気づくとすぐ、私たちは価値判断していることについて、当然のように、自分自身を価値判断し始めるのです。最終的には役立つように見える、このやり方は、価値判断するという傾向と闘うのではなく、単純に価値判断するという営みに気づき、それに慣れることなのです。価値判断する声の力は、少しずつ弱まり、私たちは隠されているものを明るみに出すという仕事に取りかかることができるようになります。もしそこに価値判断がなければ、隠されているものをより効果的に明るみに出せるのです。

心に湧いてくる問題を、価値判断することなく気づくこつが分かり始めると、9章で述べたマインドフルネスのエクササイズの一つは、神によるいやしのプロセスを最も助ける方法となります。それは、意識に生じてくる思考を、それに捉われることなく、ただ現れるままにするというエクササイズです。その章の中で、私はこのエクササイズを、私たち自身の意志にいっそう完全に気づくプロセスとの関連で説明しました。それは自分の意志を、神の意志と混同しないようにする大事な機会でした。ここで私はこのエクササイズを、隠されたものを絶えず明るみに出すことによって、継続的ないやしと成長をもたらすというもっと大きなコンテキストの中に組み込みたいと思います。

このエクササイズは、心に湧いてくる種々の思考に気づくようになるにしたがって、徐々に私たちを助けてくれるでしょう。そして実際に素晴らしい部分は――それは少しショッキングですが――何が心の中に生じているのかに気づき始める時なのです。これは多くの場合、すぐには起こらないようです。参加者の多くは、最初の頃のマインドフルネスの体験は退屈だと報告します。たくさんの刺激にあふれた活動的で独創的な生活に慣れてくると、何も生じないように見えてきます。これは私にはその通りでした。私が行った最初の短期コースで、ボディ・スキャンの体験について話すように求められた時、私の答えは、ほとんどいつも「退屈だった」でした。しかし徐々に自分の心に何が生じているのか気づき始めると、私はもう決して後ろを振り返ることなどありませんでした。それはとても興味を掻き立てるものでした。見るのにとても並外れたものでした。そして必ずしも全てがU指定〔イギリスの映画のレイティングで、Universal「一般向き」を表す〕の題材というわけでもありません！（私はそれを認めるべきなのでしょうか）。全く関係がないと感じられるようなランダムなものが、ただ現れてきます。私たちの心は、一見、取るに足らない思考やイメージの絶え間ない流れの中を漂っています。私は時々、これは、自分の心が今にも飛びかかろうとしている価値判断の存在をチェックし始めたのではないかと思うことがあります。というのはこのレベルでは、こういうことがかなりの時間、続く可能性があるからです。しかしながら、しばらくすると（場合によってはエクササイズを数週間してから）、私たちは自分の思考のパターンや持続して現れてくる思考に気づき始めます。そして多くの場合、これがまさに神のいやしの恩恵を受けられるよう「明るみに」出すために必要なことだったのです。

私が八日間の沈黙のリトリートを行っていた時のことですが、人生の中のある出来事が繰り返し繰り返し心に生じてくることに気づきました。それは簡単ではない出来事でした。リトリートの指導者と面接する機会があり、指導者が、私がそれとどのように折り合っているのかを尋ねた時、私の答えは「とてもひどいです！」でした。それに対する彼の答えは、「では、コースの三日目としては標準のようですね」でした。私はそれが慰めになるようなことなのかどうか確かではありませんでしたが、指導者の考えでは、何も破滅的なことは生じていないと確かめられたようです。彼は続けて、「エクササイズの中でスペースを作る時間をもっと持てるなら、人生をこれまでよりちょっと深く掘り下げることができますよ」と話してくれました。時に私たちは固い岩の層を叩くことがありますが、彼によるならば、その固い岩の存在は、その問題を解決したり、何とか方向転換させようとする前に、長い時間と、より多くの忍耐が必要であることを意味しているということなのです。

ここに、このプロセスの決定的な点があります。すなわち聖霊の関与です。難しい、あるいは、痛みを伴う考えや情動が生じたとき、それを直ちに何とかしたいという強い誘惑が生じます。私たちは未解決の問題と一緒に生きることが上手でなく、痛みを伴う問題の場合はなおさらのことです。しかしここにこそ、問題を、ただそこにあるがままにさせ、未解決のままに置くことを可能にするマインドフルネスのスキルの鍵があるのです。私たちの内に働く聖霊は、私たちの許しがなければ、働くことはできません。この方法のすべてのステップで、私たちの関わりと同意が求められます。その同意を、全ての矛盾と不快を伴う人生の中で、あえて、物事をそのありのままとして認めていくことによって与えていくのです。そしてこれこそが毎日、そして一瞬一瞬にマインドフルネスのエクササイズとして行っていることなのです。どの瞬間にも問題が現れてきたら、その問題を価値判断し解決しようとするのではなく、その問題自身の流れに沿った選択にまかせるのです。つまり、聖霊を招き入れ、どのような方法であろうとも聖霊にいやしのプロセスを分け持ってもらうのです。これが、自分とその問題や出来事との関係が変わり始める方法なのです。問題や出来事を取り除くことでもなく、それらを解決することでもなく、問題や出来事が表面に現れてくるままにして、恥や価値判断によってではなく、愛によって、それらに出会っていくのです。統合（whole）に欠ける私たちそのものの存在を、聖なる統合（divine wholeness）に、すなわち神の愛に触れさせるのです。いやすのは愛であり、裁きではありません。

私の場合、そのエクササイズの週を、人生の中の大きなブロックに気づくことに費やし——それは喜びと呼べるものではなかったと言わざるをえませんが——、そのことによって、そのブロックの方向転換を始められるようになりました。今振り返ると、それは非常に大きないやしの始まりであったと言うことができます。

「価値判断」そして、それがどう存在するかについて、終わりに言いたいのは、いやしのプロセスにとって、それは何の助けにもならないということです。恥は、私たちの内的生活の大変な暴君の一つです。非常に多くの場合、問題となるのは、情動や、記憶あるいは隠されていたイメージではなく、そのようなものに付着している恥です。あまり語られることはありませんが、恥についての一般的な説明は、性的な考えや攻撃的な考えに関わります。私たちには、心から嫌っているボスや管理者がいるかもしれません。あるいは、私たちが抱いてはいけない性的な感情を、同僚に持っていることに気づくことがあるかもしれません。考えやイメージが心の中をぐるぐる行ったり来たりして、決して解決できず、懸命な努力にもかかわらず、それから離れることもできません。性的関心（sexuality）と攻撃性（aggression）に伴う大きな問題は、私たちの欲望にあるのではなく、性的関心と攻撃性に付着している恥が問題なのです。それは、ある感情は、ただそれだけで悪いのだと教えられる文化背景から来ているのかもしれません。そこで、そのような想像が心に生じると、心を少し乱すものとなります。しかし、実行することが無用な考え、あるいは害となるようなある種の（あるいは多くの）考えがあるとしても、そのような考えやイメージを持つこと自体は問題ではありません。それは心と体がどのように働くのかを説明しているにすぎません。

もし今ここにある事柄を、価値判断なしに、ただ認めるエクササイズを続けていくならば、生活全体の領域を統合にもたらすとても大きなチャンスとなります。恥の思いから、そのようなイメージと戦うことは、実際のところ、決してうまくゆかず、かえって心の働きの一部を抑圧することになり、イメージに一層（隠された）力を与えることになります。それとは違って、マインドフルネスでは、心に生じるイメージを、与えられたチャンスとし、開かれた心で好奇心から見るのです。「あぁ、何て面白いイメージを心は巧みに作るのだろう！」。あるいは「なんて奇妙な！」、さらに「そのように感じていたのに今まで気づかなかった」。そして、それをそのままにし、聖霊に委ねるのです。そこで生じてくるのは、問題のイメージに伴っていた恥が離れ、私たちの存在の他の部分と統合されていくにつれ、そのイメージが私たちにとって問題ではなくなっていくということです。問題となるイメージは続けて現れてくるかもしれません。しかし、私たちはそれに慣れ、イメージに左右されることが減り、そのようなイメージにどう応答するかの選択肢をより多く持つようになります。これは抑圧の反対のことであり、衝動が私たちの存在の他の部分に調和するプロセスであり、私たちはさらに統合となるのです。私にとっては、これはまさに神によるいやしのプロセスなのです。

ハリー・ウイリアムズ（Harry Williams）は、価値判断することから自由になり、あるがままを明らかにする心についてのとてもパワフルな例を示してくれます。自叙伝『いつかあなたを見つける』（*Some Day I'll Find You*）[24]の中で、彼はある考えが心の中で生じるのを望んでいるのに、それが何なのか思いつくことができなかった時の心の感じを描いています。数日たって、その考えがついに姿を現します。それは、神が雲の上からカテドラルに排便するイメージだったのです。実際、これはとてもショッキングであり、なぜ彼がそれを考えたくなかったのか想像できるでしょう。けれども、その考えに気づいたのは、その背後にあるものに彼が取り組むことを、神が助けることができるという考えを認めたその直後だったのです。そしてそれは彼の人生の中のある特定の領域をいやすことになりました。

このように、いやしのプロセスとは、まだ統合を取り戻していないものが聖なる統合に引き寄せられる時のことなのです。神のみがいやし手です。しかし、神は私たちの惜しみない全面的な協力を必要とされます。私たちは、この協力を、人生のあらゆる側面を一つ一つ明るみに取り出し、それを神の愛の完全なまなざしの前に保つことによって果たすのです。いやしは、現れてくるものに対し、私たちが価値判断ではなく、愛による新しい関係に入る時に生じます。マインドフルネスのエクササイズはこれを助けることができるのです。

第12章　祈りと礼拝

Prayer and Worship

　ここではよく質問される「マインドフルネスは祈りですか？」という問題に話を向けましょう。これは考えてみる必要のある大切なことです。なぜならこの二つは確かに同じように見えるからです。しかし、これを少し違った角度から見て、「マインドフルネスと祈りはどのような関係にあるのか？」というように微妙に異なる問い方で考えてみたいと思います。

　私は、多くの理由からマインドフルネスと祈りをできるだけ別のものにしておきたいと考えてきました。第一に、別のものと考えるのがマインドフルネスの主流派の人たちの目的と一致することであり、マインドフルネスが包括的であり続けるために必要だからです。すなわち祈りや宗教には興味のない人々が人生にとても役立つものを手に入れられるようにするためです。第二にマインドフルネスは科学と東洋哲学の領域から得られた独自の洞察を備えており、二つを一緒にしてしまうことで、その独自性が失われるべきではないと強く感じているからです。ですから、私は、マインドフルネスは祈りとは別のものですが、祈りに役立つものだと言いたいと思います。この本のテーマに沿うなら、祈りがもっと効果的で深くなるために、スペースを作り出すことができるということです。この点についてはこの章の終わりにもう一度述べるつもりです。

マインドフルネスがどのように祈りの助けになるかと言うと、注意の種類あるいは質を発展させる点にあると考えます。イエイン・マクギルクリスト（Iain McGilchrist）は著書『主人と使者』（*The Master and His Emissary*）[25]の中で人間だけでなく多くの動物にも見られる重要な二種類の注意について述べています。彼はまず道端に落ちている種をついばむ小鳥の話から始めます。他の動物から捕食されないでこの「ついばむ」という技を行うには、二種類の注意が必要です。道に落ちている種の位置をつき止め、この種の方にくちばしを向け、種をつまみ上げてから飲み込むためには、狭く集中した注意が必要となります。ここには限られた範囲に意識を集中するという分析的な動きが含まれます。さらにもっと広い注意も必要とされ、それによって上空に広がる空、そして周りの庭全体を見渡して捕食者を探します。その捕食者は自分の獲物を求めて急降下し、襲い掛かるためにもっと注意を凝らしているかもしれないのです。ご想像の通り人間は非常に繊細な形でこの二種類の注意力を両方発達させてきました。

一番目の注意を「分析的注意」（analytic attention）と呼ぶことにします。マクギルクリストはこれを主に左脳と関連付けています（右脳・左脳の関係はここでの私の説明よりもっと微妙な違いがあるという人もいますが、この本の趣旨のために、ここではマクギルクリストの説に従います）。この左脳の注意というのは大きなものをその構成要素に分け、詳細な事項に注意を向け、それを分析し、問題の解決を見つけるという働きをします。ここでの問題とは「今現在、自分が望むようにはなっていない状況」

（あるいは、再び「不一致に基づく対処」discrepancy-based processing）と定義されます。このタイプの注意は人間そして他の動物にとっても非常に重要なもので、私たち人間はこれをフルに活用することで途方もない技能を獲得してきました。しかし、これまで述べてきたように人生におけるあらゆる種類の問題はこの種の注意を用いることで解決できそうにないか、あるいはまったく解決できないかのどちらかです。左脳を使っての注意というものは本来修正することができないもの（あるいはこの方法では修正できないもの）を無理やり修正しようとする時に溜めてしまう多くのストレスと関連しています。

もうひとつの注意を、マクギルクリストは右脳と関連付けています。しかしこの注意は要素である部分を見るのではなく、全体像を意識に保つということを伴うので、これを「全体的注意」(holistic attention）と呼ぶことにします。このタイプの注意は何かを解決したり、変えたり、修正しようとするのではなく、自分の注意の対象を直感的に知り、それをもっとも広い枠組みで見ていこうとします。興味深いことにオリヴァー・サックス（Oliver Sachs）が『妻を帽子とまちがえた男』（*The Man who Mistook his Wife for a Hat*）[26]で描いている、脳の右側に損傷のある患者のものと一致するものです。この男は自分の目の前にいる人の顔について完璧にその詳細を言うことができますが、それが自分の兄弟であるということは分かりません。また別の人の例では、柔らかい皮でできた手のひらサイズほどの大きさの部分があり、指の長さを持った五つの部分に分かれていることを詳細に観察することができますが、それが手袋であることは認識できません。

マクギルクリストは論文の中で脳の二つの側面は補完的に働き、右脳が全体像を保ち、左脳は部分の分析を詳細にすることで問題解決の仕事をすると述べています。彼が特に西洋社会にとって悲劇だとしているのは左脳がその持ち場以上に力を強め、果たす役割が右脳より優位に立つと考えられていることです。それは文化全体に影響を与えており、私たちは分析、分類、修正するのに忙しく、何のためにそれをやっているのか、また全体として何の役に立っているのかもわからなくなっているのです。このようなことはなじみ深いものではありませんか？　社会では仕事量が増え、ストレスが増し、うつ病になっていく人の数が増えているという報告を目にします。人々はますます働き、どこにも到達しないように見えます。その努力の奥にある意味や目的に本当のところ気づいていないように見えます。

トマス・マートン（Thomas Merton）が人間はあまりにも賢くなり世界全体を何度も吹き飛ばすことができるようになってしまったが、世界を見る全体像そのものがとても小さなものになってしまい、なおさら吹き飛ばしてしまうことが可能だと述べるのは同じことを言っているのです。

ここで是が非でも必要とされるのは右脳の力の回復であり、全体的注意が再び優位性を持つようになることです。全体像がもう一度見直され、左脳がその分析的な注意を使って極めて効果的に利用されるようになれば全体のために適切な仕方で再び働くことができるでしょう。

マインドフルネスのエクササイズはこういった全体的注意力を養う方法を教えてくれます。この本の様々な箇所で述べたように、分析的な心はすぐに何かに飛びつき、それを取り込もうとします。どうもスペースがあるのを知るとそれがそのままになっているのに我慢できず、それを埋めようと飛びつくようです。しかし私たちが育てようとしているのはオープンで価値判断しない注意、すなわち愛情あふれる注意です。それはただ見つめ、感知しようとすることです。それは対象となるものの本来の価値を全体としてそのまま捉え、分析や解釈をせず、自分の枠組に当てはめたりせず、またその対象物が自分の思いと異なるものなら自分に役立つような形になるようにと考えないことです。この全体的な注視は愛のまなざしであり、ありのままを受け入れる注意、その対象物の豊かさに何かが加わっていけるスペースを作り出す注意であり、さらには完全で深い気づきが現れるまで見続ける注意の在り方です。また感知されるものの中に喜びを感じ、その感知されるものがありのままの形でいられるようにする注意の在り方です。左脳的注意を使って物事を変えようとするのは良いものに変えることになるのかもしれませんが、その前に状況、対象となる物や人が真に認められ、そのままで愛されることがなければなりません。

私はこのような形で愛されることをどれほど願っていることか。私自身もそのように愛することをどれほど願っていることか。4章で述べたように、これは聖なる愛の本質であり、もっとも大切な愛です。そしてこれは祈りの核心となるものです。

観想者（contemplatives）たちはこのことが分かっていました。真の祈りは愛に満ちた注意を保ちながら神の前に座ることであるということを知っていたのです。これがキリスト教の神秘主義者たちを導き、神を頭で理解すること（もちろんそんなことは決してできません）ではなく心で神を知り共にあるように導いてきました。私が主張したいことはこれがキリスト教の祈りの核心であり、マインドフルネスのエクササイズがこれに中心的な役割を果たすことができる理由だということです。

基本的にそうあるべきものだからです。なぜならこの種の注意は神のためのスペースを作り出し、祈りと礼拝とはそうあるべきものだからです。私たちは自分自身がなりたいと思うもの、達成したいこと、理解したいことについて祈りや礼拝をしてしまいがちで、本来あるべき他者のためや聖なるもののためにスペースを作り、またその聖なる注視に抱かれ自分が変容されるということができないでいます。ここでいくつか祈りの具体的な形を見ることで、これら全てのことがどこに当てはまるのかを見てみましょう。

「聖書による祈り」(Bible devotion) はどうでしょうか? 私のコースに参加している人の中でマインドフルネスを一五分間行った後、聖書の勉強をすると言う人が何人かいます。彼らはその結果聖書の勉強がより進むと言います。これにはいくつかの理由を挙げることができます。まず、単純に語句に集中することができるようになるので、通常起こるような、その日の予定などについて考えてしまうという心のさまよいを避けられます。呼吸に一五分間集中し、心がどこへ漂うのかに気づき、考えを浮かぶままにし、そして呼吸に戻ることが、聖書に向かう時しっかりと「そこにいる」ための基盤を築いてくれます。二つ目の理由は、聖書を読む時に神をより深く敬い、神に心を開くことができるようになり、これが説明してきた全体的注意になります。聖書を解釈する際、批判的な探究態度がとても重要だと言いたいと思います。そうする時、あるいは注釈を読む場合にさらに必要なのはその内容に寄り添い、その中に聖なる存在を感じられるようにすることです。決して自分の問題を押し付けるのではなく何が出てきてもそれに心を開いていくことです。

多くの人にとって「聖務日課」(the Daily Office)、そして詩編の朗読はとても大事なものです。ここでも聖書の勉強の時と同じことが言えます。直前に一五分のマインドフルネスをすることで、「聖務日課」を読む段階になった時、どれだけ今この瞬間にいられるかに大きな違いが出ます。これも完璧な手段というわけではなく、私は「聖務日課」を唱える時、心が言葉で満たされていても、なお、心がさまよっているのに気づきます。そういう場合、私はそれをマインドフルネスのエクササイズだと考えます。その時は注意を呼吸に向けるのではなく、そのページにある言葉に向けます。心は漂いますが、私はそれに気づき、そのページの言葉に注意を戻します。言葉が私を常に「今」に立ち戻らせてくれるのです。一日に一度以上「聖務日課」が、自分の今の感覚、自分自身、そして神に立ち戻るのを保つ手段と考えられるなら、それは今この瞬間に目覚め、そこに戻るための方法にすることができるのです。

「執り成しの祈り」(intercessory prayer)についてはどうでしょう。私たちは神に祝福してもらいたい、あるいはどうにかして修復したいあるいは変えて欲しいと思う人々や状況を簡単にリストアップしてしまいますが、これが意味のあることだとは思えません。明らかに自分自身もその状況から離れたいという誘惑に負けてしまい、「神様、このありさまです。あなたが修復してください」と祈ってしまいます。自分にはこれが修復できないことがわかっています。それでも問題を神の注意の方に向けるのではなく、自分のほうがもっと大きな役割を持つべきでしょうか？（神はおそらくすべてをご存知なのに）。私は、問題となっている人や状況を、これまで述べてきた愛に満ち、開かれた心の、価値判断を何もしない注意によって保ち続ける考え方のほうが好きです。この方法では、自分の魂の最も深い部分からその人のために心から望むものを表現し伝えます。すなわち彼らが愛という聖なるまなざしの中にいること、そして全体の中で花開き育っていく自由を持っているのだということを伝えることができます。この人のためにして欲しいリストを神に渡すのではありません。そのリストはその人に対して私自身が抱く問題によって毒されています。私は、愛、自由、そして望みというスペースの中に、彼らを包むに任せます。そして何が起こるのかを見るのです。

時々私は、自分が直面している難しい状況について、神と対話したいと思い、祈ることがあります。散歩をしていて、なんとなく対話を始めてしまうのです。歩きながら神と共にいるという感覚が物事を明確にしてくれるので、これはとても役に立ちます。しかし、時には凝り固まってしまったり、袋小路に陥ったりしてしまうことがあります。これはおそらくこの状況については、聖書の言葉が明確ではないか、あるいはそれについては何も語っていないかなのでしょう。頭の中に異なる声が存在しており、それぞれが自分の方へ注意を引こうと競い合っています。このような時には自分自身を全体的でマインドフルな注意に留めるようにするのが効果的です。これは10章で述べた「困難と共にとどまる」エクササイズのようなものです。問題を思い浮かべながら、それを修復しようとか自分で解決しようとするのを意識的にやめて、オープンで全体的な注意を問題に向けるようにします。身を引き、私が開いたスペースにその困難な状況をとどめて、そこに神を招きいれ、神が私のためにその状況を解決してくださるようにします。私は神と共にそれをただ見ているだけにするのです。

簡単に「神は答えを持つ者」として神を考えるべきではありません。しかし純粋で偏りのない愛を持つ存在として招き入れることはできます。これが変容をもたらします。忍耐強くある必要があります。一気に解決されるものではありません。身を引いて自分がその状況にどう反応しているのかに気づくことがいいエクササイズになります。どんな考えが浮かんでいるのか、どんな気分を作り出しているのか、その状況が自分にとって何なのかに気づけるような身体感覚がないかなどを観察します。これらの気づきは全て大事な要素です。もう一つの問いはこの状況をもっと広い文脈で見ることができるかどうかということです。私は一つの小さな部分を狭い範囲だけで見てしまっているのではないか？　だから私は道を見通せないのではないか？　別の言い方をすれば、自分だけの視点ではなく、神の視点から見ることができるかということです。このやり方に関しては忍耐が必要です。時間がかかるかもしれないからです。神がゆっくりだということではなく、私たちの気づきへの歩みが遅いのです。

祈りにイコンを使うことはマインドフルネスの考え方と一致しています。全ての言葉や考えを横に置いて自分の目の前にあるイコンのイメージに全体的な注意を向け、しばらくの間聖なる存在のある次元をただ見つめるだけです。

最後に、たったの二、三行で述べるには不十分なのですが、聖餐式を、グループ全体をマインドフルな気づきに満ちた、同じ静寂の中心に招くための方法として考えることができるでしょうか？最初はばらばらであった人々が次第に「集められて」きます。まず（教会に集まることで）体が集い、次に（神の言葉に集中することで）心が集います。そしてそれぞれが抱いている言葉、イメージ、考えがほんの一切れの小さなパンや、ほんの一口のワインに注意を向けることで言葉を超えた静寂の中心に引き入れられていきます。そして、その注意は、それぞれが奉仕するために送られるこの世界に対する全体的な気づきに再び開かれていきます。では聖体は、人々に、彼ら自身と彼らの神の両方にマインドフルな気づきをもたらす働きがあるのでしょうか？　これを探るにはもう一冊を書く必要があるでしょう。

私はこの章の初めにマインドフルネスは祈りなのかという問いを掲げ、これは難しい問題であると言いました。私は、キリスト教の祈りには何か特別のものがあると分かるように、その二つを別のものと考えたいと思います。しかしもちろんのこと、もっと広い見方があって、究極的には納得がいく話になり、二つに分けることは不可能だということになるのでしょう。皆さんはマインドフルネスから神を切り離すことは簡単にはできません。確かに神の存在のもとでなされること、神に捧げられるものは何であれ祈りです。多くの人にとって、マインドフルネスのエクササイズが、私たちの祈りになることは極めて可能なことです。しかしまずは、マインドフルネス自体が何であるかを確実に理解して、この二つをどちらも無益なものにしないようにしましょう。

第13章　愛のエクササイズ

Practising Love

私は純粋な愛の性質について話してきました。けれども実際のところ現実に人々を愛するとはどういうことでしょう。イエスはこれについて多く語っています。「第二の〔最も重要な〕掟はこれである、『隣人を自分のように愛しなさい』」（マルコ一二・三一）、「あなたがたも聞いているとおり、『隣人を愛し、敵を憎め』と命じられている。しかし、わたしは言っておく。敵を愛し、自分を迫害する者のために祈りなさい」（マタイ五・四三－四四）、「わたしがあなたがたを愛したように、互いに愛し合いなさい。これがわたしの掟である」（ヨハネ一五・一二）。

ですから、プレッシャーを感じる必要はありません。愛は私たち皆がほんの小さな応用を用いて、目指すことのできるとても公平な掟です。さて、おそらく朝の何度かはこんな感じです。ぐっすり寝て、起きた朝、その日がバラ色に見え、コーヒーが濃く感じるような、そんな時、私は自分が寛大で思いやりがあるように感じ、他者に対してベストであろうと心底望みます。それも、また何かまずいことが生じ、気分が下がってしまうまでのことで、またもや、私は滑りやすい坂道の上にいるのです。これもまた私なのです。そしてこのような私を受け入れてもらうことを人生や皆に求めてしまうのです。少なくとも、これは自分を愛するという「愛」でしょうか？　それとも、これは自分への甘やかしであり、自分を憐れんでいるだけなのでしょうか？　ああ、何ということでしょう！

私は、全てが自然体であるような人たち、誠実で、思いやりがあり、私心がなく、常に他者のニーズに応えようとする人々の一人になりたいと心から願っています。でもその人々はどのようにしてそうなったのか、私はいつも不思議に思っています。彼らは私よりも一層安定した養育を受けたのでしょうか。あるいはよりよいキリスト教徒になる何かの方法を見つけたのでしょうか。おそらくその人たちの信仰生活はとても献身的であり、だからより効果的にそうなれたのでしょうか。

ここにキリスト教徒の大きなジレンマの一つがあります。私たちは（他の誰もがそうであるように）愛を生きるように求められています。しかし正直なところ、私たちは人よりとりわけそれが上手なわけではなく、実際のところ、信仰生活や霊的生活をしていると思えない多くの人々よりも悪いように思えます。ではここに何が生じているのでしょう。

さて、私が人生の中で初めて意識してキリストに心を向けた時、それはキリストのあふれ出る愛への応答でした。そしてそれは私のまわりにいる人々へのあふれ出る愛に変わりました。中でも特にそれは同じ体験を分かち持つ人々に対してでした。しかしこれは私が話している愛の成長過程の一コマです。ここからどこへ私たちは向かうのでしょうか。

マインドフルネスのエクササイズの二つの点が関連性があるように思えます。第一は、マインドフルネスに特有というわけではありませんが、11章の「内的いやし」で述べた内的葛藤を解決することです。内的葛藤を表面に浮かび上がらせるために意図的に心にスペースを作り続け、その葛藤を聖霊の愛といやしに委ねるならば、その自然な結果として、他者のためにもっとスペースを割くことができるようになり、またよりよく愛を表すことができるようになると思えます。

ここにもう一つ私たちが取り組むことのできる特別なマインドフルネスのエクササイズがあります。これについては1章で簡単に触れました。「慈しみ」のエクササイズと呼ばれる三種類のエクササイズのうちの三番目のものです。これまでの数章で論じられてきた中では、このエクササイズを実際に試してみることを提案してはきませんでした。そのエクササイズは、プログラムの初期段階で行う基本のエクササイズを土台として行うとよいものです。しかしこのエクササイズは、皆さんがマインドフルネスをしているかどうかにかかわらず試すことができます。それは以下のように進められます。

思いやりのエクササイズ

およそ二〇分間一人でいることのできる場所を見つけます。他のエクササイズですでに行った呼吸に注意を向けることから始めます。次に、自分で選んだ時に（以前私は「自分が落ち着いたと思った時に」と言っていましたが、このような時が生じない場合があります。そこで「自分の選んだ時」のほうがより実際的と思えます）あなた自身が今、椅子に座っているのを想像します。そしてその椅子に座っているイメージを保ちながら、自分に向けてあなたが願っているかのように次の言葉を唱えます。

私が安全で守られますように。
私の心と体が安らかでありますように。
私がやすやすと、また思いやりをもって生きられますように。

この言葉を何度か繰り返して自分自身に言います。これらの言葉を自分に向けて言うことがどのように感じられるか気づけるように、優しくまた言葉の周囲にスペースを与えながら言うのです。もし心が別のことにさまよい始めるなら、これまでのように、そのことにただ気づき、言葉を語ることに戻ります。機械的な言い方でなく、心を開きながらどのように感じられるかに気づくように言うのです。これらの言葉をある種の祝福として受けとめることができるでしょうか？　どのように感じられるでしょうか？　どんな考えやイメージが生じるでしょうか？

しばらくして、自分で選んだ時に、気づきの中のあなた自身の姿を過ぎ去らせ、あなたの恩人と思う人――あなたに優しくしてきた人でその人に（ほとんど）肯定的なイメージしかもっていない人――のイメージを心に描きます。そして、先に挙げた言葉をその人に向けて言います。そして同じようにその言葉を何度も繰り返します。これは可能な限りできるだけ多く言葉を繰り返すという競争ではありません。いうまでもなく気づきについてなのです。言葉に心を込めながら、自分に生じることに気づくようにします。しばらくしてから、その人を心の目から去らせます。

次に、あなたの生活の中で中立の立場にあると思える人——肯定的な感情や否定的な感情のどちらも持ったことがない人——を心に描きます。おそらくあなたがほとんど知らない人でその人に対してどのような強い感情も持つチャンスのなかったような人です。例えば、あなたのオフィスとは別の場所で働く同僚、バスの中で毎日見る通勤者、街角の商店の主人などです。そしてこの人に同じ言葉を語りかけます。

次に、あなたにとって難しい人を心に描きます。最初は、あなたの人生の中で最も難しい人でない方がいいでしょう。最も難しい人は、このエクササイズに少し慣れてからがよいでしょう。あなたに何かのトラブルの原因となった人を選ぶか、あるいはあなたとの問題が解決できていない人を選ぶようにします。その人に対して同じ言葉を繰り返します。そしてどのように感じるかに気づくようにします。あなたを傷つけたかもしれない人にこのような言葉を言う時に心の中でどんなことに気づくでしょうか？

最後に、この人を過ぎ去らせ、ある大きなグループの人々を心に描きます。おそらく、教会の人々、あなたの町の人々、あるいはもし可能ならば「あらゆる存在」でも構いません。同じ言葉をあなたが想像できる限りの最も大きなグループのために唱えます。

うまくこなせたでしょうか。ここには、キリスト教徒のグループと繋がるある非常に特別な論点を含めて、多くのものが反映されています。

原則となるのは、もし愛が真実の命令であるのなら、そこには、その愛に応えるために具体的にすることができる何かがなければならないということです。それは自分の揺れ動きやすい感情が、愛の思いに入り込むまで待つのは良くないということです。このようなことは決して起こることがないか、自分がそれを必要とするときには起こらないのです。人々は愛が必要な時に愛を必要とするのであって、自分が人々を愛したいと思う時に必要とするのではありません。そこで、まず自分自身に向けて、それから周りの人々に向けて愛する態度を自分の中に養い、実際そうすべき時に何らかの形で自分が愛を表せるようにすることは可能でしょうか。つまり、それがこのエクササイズの背後で求められているものなのです。そして多くの人が本当に役立っているようだと言っています。

このエクササイズを試しにやってみた人たちの反応はその関心の度合いに応じて様々です。まず、これは、特にキリスト教徒に見られるのですが、自分自身に向けてこの（思いやりの）言葉を言う時に悪戦苦闘することです。私たちの多くに相当根深くあるのは、自分自身を愛すべきではないという考えです。つまり、常に他者を第一にすべきだという考えで、エクササイズのこの部分に取り組む時、何らかの自責の念を私たちは感じてしまうのです。ある参加者はエクササイズのこの部分で私の指示をまったく無視して次の部分に一気に進んだと言ってくれました。けれども、適切な自己への愛は欠かすことができません。自分が受け取ることを学んでいないものを他者に与えることはできません。またイエスも「自分を愛するように」他者を愛しなさいと言ったではありませんか。しかし、これが私たちの多くにとっていかに難しいことかを過小評価してはいけません。できるところから始めてください。自分が自己嫌悪に陥っているところと格闘しようとするのではなく、自分の中で本当に愛を感じることができるところから始めることです。ある人たちは、愛するペットに心を注ぐことから始めることもできると提案してくれました。もしこれがあなたの中に愛を呼び覚ますのであるなら、始める場所として、とてもよいところとなるでしょう。「唯一の愛のみがある」といったのはアウグスティヌス〔ラテン教父最大の思想家・神学者。『告白』が著名。三五四－四三〇〕だったと思います（ボブ・マーリー［Bob Marley］〔ジャマイカ出身のレゲエミュージシャンで「One Love」という曲を作っている。一九四五－一九八一〕だったかもしれません）。ですから、愛の心を養う自分のやり方に適っていると認めるものであるならば、何でもそこから始めてください。それは同じ愛なのですから。

人々が行き詰まるもう一つの領域は、より明らかに、あなたにとって問題となる人々です。ある人たちは難しすぎる人から始め、怒りや嫌悪という感情に圧倒されてしまうという過ちを犯してしまいます。ですからこれが、もう少し習熟するまで、難しくない個人から始めていくのがベストだという理由です。ある男性は自分の知っている人を誰も思い浮かべられなかったので、一番嫌っている政治家を心に思い浮かべたと言ってくれました。けれども、これも同じように難しかったのです。それは彼がこの人物について何も良いことを願えないと正直に感じたからです。このことは彼に実際驚きをもたらしました。しかしこれは、少なくとも自分自身の中で何が働いているのかを彼が知る助けとなる気づきでした。けれども、ここでのねらいはよいフィーリング——そのようなフィーリングは生じないかもしれませんが——を感じることではありません。よりフレンドリーな態度に「心を向かわせる」エクササイズなのです。

けれども、イエスは私たちの敵を愛するべきだと言っています。しかし、多くの参加者、とりわけこのエクササイズを、幸せを祈りやすい人々から始めて、ゆっくりと取り組むことで丁寧に行っている参加者にとっては、これまで継続している基準からすると、難しい人々に取り組む際、大きな違いがあることに明らかに気づきます。彼らは、対象となる個人を好ましく思うことで終えることができないかもしれませんが、何らかの変化が生じると証言しています。一人か、あるいは二人の人が語ってくれたのですが、気難しい上司あるいは気難しい仕事仲間にこのエクササイズで焦点を当てたところ、自分の態度が徐々に変わっていったということです。状況そのものは必ずしも変わったわけでもなく、また、上司も変化したわけでもありませんが、全体の状況を異なる枠組みに置くことで参加者自身の怒りや緊張がいくらか解消されたのです。

私は、会合で特に緊張が生じると予感されるような相手の場合、会合にまさに入ろうとする際に、このエクササイズの言葉を言うようにしています。私は自分のマインドフルネスのクラスの参加者のためにこの言葉を唱えるのですが、特に教えるスキルが不十分だという考えに悩まされている時にそうします。私は、これが心の中のコンパッション（compassion）に私を触れさせてくれ、それが磨きあげられたスキルと同じくらい価値のあるものになっていくのだということに気づきました。

キリスト教徒のグループからある質問が出ました。それは次のような質問です。「この（思いやりのエクササイズ）はとりなしの祈りとどのように関係するのですか」「心の中で描く人物に守りと安らぎと平和を願う時、誰に願っているのですか。言い換えれば、神はこのエクササイズの中でどのような役割を果たしているのですか」。そうですね、マインドフルネスが非宗教の枠組みの中で、あるいは仏教徒の中で教えられるとき、神はその中にはまったく入ってきません。私たちは実際、何かを自分たちにしてもらうために何ものかに願うのではありません。このエクササイズは、私たち自身の中に他者への純粋な思いやりの態度を育むための効果的な方法であることが分かってきています。他者のほうに何らの変化がなくても、私が変わるのです。私の中の変化は取り巻く雰囲気を良くすることで他者の中に変化を実際もたらすかもしれません。しかし他者を変えることがねらいではなく、自分の中に変化が起こることを許すのです。このエクササイズがいかに脳の中の聴覚機構に密接に関連していて、それが行動に結びつくかを示すことで、神経科学者はこのエクササイズの有効性に同意することでしょう。これは分析的で、課題に集中する心の「すること」(doing) モードから、コンパッションが見出される「あること」(being) モードへの転換を助けてくれるもう一つの方法なのです。

しかし、これはまだこのエクササイズの言葉を唱える人についての説明でしかありません。すべてのものに神の存在を認めるキリスト教徒にとっては、これを内なる聖霊の働きに私たち自身を開いていくもう一つの方法と見るのが一番よいでしょう。もし神が私たちの中におられるのなら、愛は私たちの中にあります。私たちがストレスを感じ、傷つき、怒りにあるとき、私たちはむしろこの愛から離れる傾向にあります。このエクササイズは私たちの中にある愛の水路に心を開くための手段であり、その愛の中にある神のコンパッションにつながるための手段なのです。そしてもちろん、これは私たちが心から望んだり、祈ったりするような他の変化の始まりになりうるのです。「世の中で見たいと望む変化そのものにあなた自身がなりなさい」とガンディーは言いました。それは私たちから始まりますが、そこで終わりではないのです。

用いる言葉は私が提示したものと同じである必要はありません。あるいは、まずしばらくの間この言葉を用いて行い、後に、あなたに特にぴったりするような他の言葉を試すとよいでしょう。今までのように、適切な自己への愛が全体像の中の鍵となる部分だということに留意したうえで、以下はこのエクササイズの別のバージョンです。これは、自分自身に対するふさわしい思いやりと寛大な態度を育てる取り組みに、さらに深く導いてくれることに役立つかもしれません。

自分を愛するエクササイズ

このエクササイズは、愛そのものである私たちの神を思い起こし、次のような質問を思いめぐらすことから始めるとよいでしょう。「神が私に対して最も望んでおられることは何でしょうか」。以下に展開される言葉は私に対する神の愛についての私自身の思いに基づくものです。この問いに自分がどう答えるかに思いをめぐらしてもいいし、あなた自身のために言葉を工夫してもかまいません。

まず呼吸に集中することから始めます。そして、すでに述べたように、心の目の中であなた自身のイメージを保ちながら、ここに座っている自分を想像します。それから、ただ自分のためだけに言葉を唱え始めます。次に私が工夫した方法で思いめぐらします。最後にそれぞれのセクションで自分のために選ぶような言葉について思いめぐらします。

「私が安全で守られますように」。

私が危険をまぬがれ、危険に対する恐れから自由でありますように。私の中の傷つきやすく大切なものが守られ、損なわれませんように。私が自由に巡り歩き、探求し、たやすく実りを手に入れ、日光を浴びることのできる安全なスペースを知ることができますように。私が……ますように。

「私の心が安らかでありますように」。

私が可能なかぎり幸せで満たされますように。私が、私そのものに自由になることで、喜びに満たされ、解放されますように。私の活力がよどみなく流れ、心の健康がよい状態に保たれ、豊かになりますように。私が落ち込んでいるとき、私のために誰かがいてくれますように。私が……ますように。

「私の体が安らかでありますように」。

私が可能なかぎり健康でありますように。私が健やかであり、健やかさを保てますように。私が可能なかぎり痛みをまぬがれますように。私が恐れ、怒りあるいは緊張なく痛みとともにあることができますように。私が……ますように。

「私がやすやすと、思いやりをもって生きられますように」。私が可能なかぎり少しのストレスで生きられますように。私の過ごす日々の周りにスペースがありますように。私のかかわりの中によどみなく流れる思いやり、温かさ、そして寛大さがありますように。毎日私が美を見ることができますように。私が……ますように。

最後にもう一度呼吸に戻りエクササイズを終えます。

第14章　自然ともう一度つながる

Reconnecting with Nature

ここまでの章のタイトルは全てなじみのあるテーマと思われるものばかりでした。キリスト教徒のほとんどが求めていること、あるいはキリスト教的なものと考えられることを取り上げてきました。キリスト教的な観点からの環境に関する課題が目立つようになってきたのは比較的最近のことですが、この章ではこれまでと違った想定のもとで述べてみたいと思います。

これまで扱ってきた他のトピックと同じように、この課題がいかに私たちの使命の一つとして重要であるか考えることから始めてみましょう。ここで、4章で考えた神の一性（unity）のテーマを取り上げます。話は要約すると次のようになります。神は一であり、存在する全てのものは神のもとに一つである。けれども人間は心においても、また行動においても一つに統合されるべきものを切り離してしまいました。私たちは罪と恥によって自分自身から切り離されています。恐れと貪欲によって私たちは互いに切り離されています。自分たちの目的に利用するために私たち自身を自然からも切り離してきました。比較的最近まで引き起こされるその結果に気づくこともありませんでした。しかし今、自然を搾取することが地球上の限りなく多くの種の生息環境だけでなく、私たち自身の居住環境をも破壊していることに気づき始めています。

このようなことに気づかなかった理由のひとつに、私たちが心の中で作り上げてしまった人間と自然との分離があります。最初の人間とされるアダムとエバに対する神の言葉（創世記一・二八の有名な「支配せよ」）の意味を私たちがはき違えてしまったか、聖書の書き手が神を誤って理解してしまったかでしょう。それにしてもアダムとエバが園にあるどんなものも自分たちのためにあると考え、欲しいものは何でも獲ることができると思いこんだことが間違っていたように私には思えます。別の言葉で言えば、リンゴを食べることで、功利主義的な自然観、そして自然に対する人間中心的な考えに同意していたのです。すなわち全てのものは自分たちのためにあるということです。そして三番目の根本的な分離が起こりました。人間と自然は二つの分離した存在であり、人間の方が優れているということです。人間の必要性と自然の必要性がぶつかる場合はいつでも人間の方が優先されるということになりました。

この考え方に替わるもう一つの考え方があります。人間は自然の一部であり、私たちが自然を損なえば必ず自分自身をも損なうというものです。聖パウロはコリントの信徒への第一の手紙一二章二六節の中でキリスト教共同体の関係について、この基本的な原理を認めています。「一つの部分が苦しめば、すべての部分が共に苦しむのです」。今、私たちはこれが全ての自然にも当てはまることを理解する必要があります。人間と他の自然は共に同じ創造の部分であり、想像を絶するほどのバランスを保つ生態系の一員なのです。私たちは共に生き延びるのか、そうでないかのどちらかなのです。

もちろん、リサイクル、エネルギー消費の削減、化石燃料の利用を法的に規制することなどすべてが重要な課題です。しかしたいていの場合、何か中途半端な関わり方であるという感じがします。もし心の深い次元で自然との再統合を経験することがなければ、地球をもっと大切に思うという努力が、さらなるエネルギー、さらなる時間、いっそうの費用を必要とし、あるいは短期的に自国の経済を危機にさらし、それによって（施政者が）票を失うということになるとすれば、それをあえて主張することにためらいを覚えてしまうでしょう。もし私たちが聖フランシスコと出会うことができ、兄弟である太陽、姉妹である月、姉妹である鳥たち、花たち、木々、川について話すことができるとしたら、あるいはパウロがコリントの信徒への第一の手紙の中で述べる他のキリスト教徒との関係のように、自然が自分自身の家族のようになるとしたら、私たちは神のあらゆる創造物の生存のために、犠牲を実際に捧げるようになるかもしれません。

しかしどうすればそうなるのでしょうか。心のレベルでこの統合はどのように起こるのでしょうか？

マインドフルネスを教え始めて以来、私は自然の中にあるマインドフルネスの要素を取り入れるようにしてきました。原則はシンプルです。自分の呼吸や体、音や思考に向けるのと同じように、素直に、何の価値判断もせず、全体的な注意を自然に向けます。以下は一つのシンプルなエクササイズです。

自然の中でのマインドフルネス瞑想

もし自分の家に庭があるのならそこへ出てみましょう。森の中の公園でもいいです。そばに緑がなければ家の中の観賞用の植物を使ってみましょう。花や草を一つ選び、間近にすわります。さあ、ただ見てください。名前とかそれについての情報を知っている必要は全くありません。実際、それをしないほうがこのエクササイズはうまく行きます。ここで行うのは花の色、形、デザインなどに注意深く意識を向けることです。これらの花を以前に見たことがあるかもしれませんが、この日のこの瞬間というのは初めてであり、今この瞬間のこの特別な気分の状態で見るのも初めてです。これは人生に一度きりの他とは違う経験です。1章で見たレーズンの時と同じような好奇心を持つことができるかどうか見てください。何が見えますか？　見続けてください。他に何が見えますか。心がどこにさまよっていきますか？　家の中ならどんな風に素敵に見えるでしょうか。食べるとおいしいでしょうか？　他の植物や花と比べるとどうでしょうか？　それが今もっと役立つものだとしたらどんなふうに扱うでしょうか？思考に気づいたら花のほうに意識を戻してください。この花の内的な価値を認めるような愛に満ちた注意のまなざしを持つことが可能でしょうか？　私たちの心がいかにすぐストーリーを作り出してしまうのか、いかにあらゆることを分析したり、解決しなければならない問題としてみてしまうのか、いかに好きだとか嫌いだとに分けてしまいたくなるのかに気づいてください。すなわちこれらすべては、あらゆるものの中心に自分を置いてしまうことだと気づいてください。このように注意を向けていくと、花は私のためにここに存在しているのではなく、ただその花自身としてそのままそこに存在しているのだということが分かります。そのたぐいまれな美しさをただ見つめ、その真の価値と響き合いましょう。

最後に、13章で紹介された慈悲の瞑想を使ってみることもできます。次の言葉を唱えます。

この花が安全であり守られますように。

この花が尊敬と慈しみで扱われますように。

この花が豊かに育つスペースを見つけることができますように。

私が最初にこれと似たことをするよう促された時、自然の本当の価値を認めようとする人たちが創立し、すでにそのような生き方が生活の一部となっている人々のコミュニティに一緒にいました。私たちは美しい川の渓谷を歩き、周りの自然にただ耳を傾けるよう勧められました。それはとても簡単なことでしたが、私にとって深い経験になりました。私が最も感銘を受けたのは、川底の巨大な岩石群でした。その大きな岩は私がその場所にやってくるまでの何千年もの間、そこに存在し続けていたのです。そして私がここを去った後何百万年とはいわないまでも何千年もそこに在り続けるのです。そのような岩は私のためにそこに置かれているのではありません。そうではなく、私はその岩石群の歴史のほんのつかの間の一瞬の存在でしかないのです。私は深い畏敬の念を感じました。私は事物の秩序における自分自身の立ち位置を理解し始めました。

「自分がまだ愛せていないものをなぜ守ろうとするのか」を問う考え方があります。しかし13章で考えたように愛は育む必要があり、これには方法があるのです。

フォレスト・チャーチ運動というのを聞いたことがあるかもしれません。これは大人のための森林スクールと言われていますが、明らかにスピリチュアルな要素があります。現在全国にフォレスト・チャーチの拠点があり、それぞれが特徴を持っています。私は二、三年前オックスフォードのフォレスト・チャーチの設立に関わりました。その目的は人間と自然とを計画的に結びつけようとするものです。会合は現在一年に六回開かれ、とてもシンプルなものでおおむね聖餐式の形にならいます。

私たちはその日選ばれた美しい景色の会場に集まり、歌を歌う時もあれば、詩を読むこともあります。またお互いに今の気分を話したりします。この時選ばれた景色や周りの様々な自然の生き物に対して、またその時の四季の特徴にも思いを巡らします。そのうち三〇分は一人で過ごし、様々な自然を見たり、聞いたり、匂いを嗅いだり、感じたりし、できれば味わったりもして過ごします。座る場所を見つけてもいいし、ゆっくり歩いてもいいのです。自分の好みや知識について考えることを脇に置くので自然観賞のようなものではありません。ただ形や色を見るだけです。音をただ聴き、感触に触れ、ただ匂いを嗅ぐだけです。自然のものがそのままの姿でそこにあるようにし、その真っただ中にいる自分自身を感じるようにします。また、そのようなありのままの自然に寄り添い、歩きながら自分自身を感じることもあるでしょう。ここでもあっという間に私たちをどこかへ連れ去ってしまういつもの終わりのない思考の連鎖に入り込まないようにします。今私の中に存在しているように思えるものに気づいていくこと、例えば今見ているものに対する自分の反応や呼び起こされる記憶や気分の変化などにただ気づいていくことは、周りの自然に対して自分が注意を払うのと同じことを自分自身にもしていることになります。私もまた自然の一部だからです。私はつながっています。私もここにいます。私たちはここに共にいます。お互いを敬う感覚があります。お互いが共に一つに属しているという感覚、お互いに安心し合っている感覚があるのです。

私たちは申し合わせた場所と時間に再び会い、食べ物を分かち合い、歌を歌ったり、マインドフルネス・エクササイズの時にするように、その日経験したことをシェアしたりします。もちろんどんな体験もいいとか悪いとかはありません。ただ一つの目標は自分が自然とつながっている「この瞬間」に気づく力を養うことにあります。

マインドフルネスのエクササイズと同じで、生活の中での変化というものは、エクササイズを続けるにつれ、徐々に起きてきます。ですから何か特別な結果を得るためということではなく、エクササイズそれ自身のために練習する必要があります。私の場合、生活の中で気づく小さな変化が大切に思えます。今のところ、家で明かりを消す時、それを義務だとは感じません。また誰かがつけっぱなしにしていても気になりません（そんなには気になりません）。しかし自然を保護する必要を学んでいる今、スイッチを入れる時には、自然に対する愛をいっそう感じるようになっています。環境に関する教会や地元の行動計画に従おうと決心し直しました。とてもゆっくりとした動きですが、少しずつライフスタイルを変えていきたいと考えています。交通手段をより注意深く考え、紙の節約や、もっと野菜を食べることなどを目指しています。私がここで述べようとしているのは、マインドフルネスが世界の生態系の悲痛な叫びに対する奇跡的な癒しの方法となるということではありません。でも、私はマインドフルネスには役割があると信じており、そのうちにフォレスト・チャーチ運動が美しくて、手軽で、魂を癒す土曜日の午後の活動になると信じています。

第15章　毎日の生き方

Daily Living

宗教に対する批判はたびたび行われてきました。特に、宗教をとても真剣に受けとめ、物事を祈りのように行い、リトリートに行き、聖書を熱心に読むような人たちへの批判です。そのように行うことは、本人たちにとっては、すべて、とてもよいことでしょうが、この世の事柄に何か助けになることなのか、という批判です。一日中自分の部屋の中で瞑想しながら、しかし雑用を手伝うために指一本すら動かさないという人々についての物語がいつもあります。心の中に素晴らしい平和なフィーリングがありながら、おそらく、何の役にも立たないということです。別の言葉で言えば、マリアをマルタと比べる昔ながらの同様な批判があり、実際、しばしばはっきりと正当化されてきた批判です。イエスは他の観点から、これに関して非常に強く言っています。「『主よ、主よ』と言う者が皆、天の国に入るわけではない。わたしの天の父の御心を行う者だけが入るのである」（マタイ七・二一）。

そこで、キリスト教の伝統における最良の精神は、内的生活と外的生活の統合を強調します。そして実際には唯一の生活があるだけなのです。マインドフルネスでは、エクササイズに上達することが第一のねらいではなく、日常生活で、よりマインドフルな人間になることが第一のねらいなのです。

私はあるリトリートでこの点に関して、大いに励ましを受けました。私はマインドフルネスのエクササイズをやさしいと思ったことはありません。そのリトリートに行くときも、そのことはまったく明らかでした。個人的な面談で、リーダーから通常問われる最初の質問は「それで、どんなぐあいですか」です。それに対する（以前の）私の通常の答えは、「ひどいです！」でした。私の心はあらゆるところに広がっており、実際、ストレスを与えるすべてのものがそこにすし詰め状態にあり、それから自分を引き離すことがほとんどできない状態だからです。座り続けることによる背中の痛みが続くなどいろいろです。この特別なリトリートのリーダーは私に、リトリートで祝福に満ちた時間を持ったように思える人々なのに、家での生活には何の変化も起こらない人々が一方でいれば、リトリートでとても大変な時間を過ごしながら、しかし日常生活に戻った時、物事が実際に変わる人々もいる、と言ってくれたのですが、それは本当に助けとなりました。「この第二のカテゴリーの人たちのほうがずっといい」と彼はあっさり言いました。私は思うのですが、さらによいのは、物事をよりよく変えられる人たちのカテゴリーに属しながら、リトリートの時間も素晴らしいというものでしょう。けれども、彼はその時の私に答えただけだということは分かっています。

いくぶんあきらめがちに何人かの人たちが、エクササイズが次第に容易になっていくものなのか、また、数年のトレーニングの後で私が「いっそううまく」長めの呼吸のコントロールを維持していけるようになっているのかどうかと尋ねられたことがあります。私の答えは「それほどでもないですよ」でした。しかし、自分の日常生活に変化を見出していますよと言うことはできました。私は自分が危うい気分にあるとき、いっそう容易に、またいっそう素早く気づくことが前よりできます。非常に感情的になっているときメールを送らないようにうまく対処できます。人が言ったことに応答する前にいったん立ち止まり、自分の感情に気づくことが前よりよくできます。私は仕事を見る視野を狭くする自分の傾向に、それが手遅れになる前に、前よりはっきり気づくようになっています。自分を傷つけたと感じる相手に対し、その人なりの状況理解があったのだと思うことが、よりよくできるようになっています。ストレスをコントロールすることがうまくできるようになっています。うつ状態がいっそう少なくまた短くなってきています。そして妻は、私がこれまでより自己防衛的でなくなっていると言ってくれます。それは、私がエクササイズが上手にできているからではなく、マインドフルネスが私の生活に及ぼす結果なのです。

マインドフルネス・コース、特に『自分でできるマインドフルネス』に基づくコースに組み込まれているのは、日常生活と結びつくようにまた日常生活にマインドフルネスを役立てるために意図して工夫されたエクササイズです。本の中ではそれらは「習慣を手放すエクササイズ」(habit releaser) と呼ばれています。これが素晴らしいのは、マインドフルネスと遊ぶようにそして楽しめるやり方になっているからです。そこには創造的になれる豊かなスペースがあります。これらのエクササイズは生活の中で習慣的に行ってしまう多くの活動があるという原則をもとにしたものです。何かが日常茶飯事 (routine) になってしまうとき、それは励みになりまた安心感を与えるように思えます。しかし同時にそれは気づけなくしてしまいます。というのは、これまでに見たように、気づくことが何もないからです。もしあなたが交通量の激しい道か、高速道路の近くに住んでいる誰かを訪ねるとするなら（あなたがそのようなところに住んでいないと仮定しますが）、その人は、あなたにはうるさく感じられる道路の騒音にほとんど気づかないということです。結局、私たちは常にそこにあるものに注意を向けることをせず、それに気づくことがないのです。

ですから、「習慣を手放すエクササイズ」は、あなたが通常ある特定のやり方で行っていると思える日常の活動のためのものです。例えば、その活動の中の小さな側面を変更することを選ぶようにします。そして、その結果、何に気づくのかを観察するのです。どんな新しいことに気づいたのか。それをどう感じるのか。その時の自分の体験は何であったか。このやり方でそれを行った時、世界はどう見え、どう感じられたのか。その結果はそれ自体は世界を揺るがすようなものではないでしょうが、私たちが伸ばそうとしているのは気づくことの習慣づけなのです。そして実際、ほんの小さな事柄でも、私たちがそれに気づくときに、それが日常の中である種の大きな喜びに変わることがあるのです。

ここに『自分でできるマインドフルネス』から少し例をあげます。

- 仕事に行く時、別のルートで行くか、別の交通手段をとるようにしてみます。
- 一週間に一度、何かを読んだり、ラジオを聞いたり、テレビを見たりせず、ただ食べることに集中して沈黙で食べるようにします。
- 家に戻ってきた時にラジオやテレビをすぐにつける代わりに、番組表を調べ見たり聞いたりしたい番組を一つ選びます。そしてラジオやテレビのスイッチは切ります（見たり、聞いたりしません）。

・家であなたがいつも同じ椅子に座るのなら、あるいは会合や教会でいつも同じ椅子に座るのなら、違う椅子に座るようにします。

・（これは難しいエクササイズの一つです）。映画のリストをチェックせずに、友人と約束したある時間に映画館で会うようにします。そしてあなたが着いたあとで始まる最初の映画を見るようにします。

以上の中の一つを試すか、あるいはすべてを試してみるのも面白いでしょう。そして自分独自のエクササイズを作ります。物事を違ったやり方ですることを好きになる必要はありませんが、何が起こるかというと、そうすることで以前には気づかなかった物事に気づくようになるかもしれないということです。とりわけ、私たちは日常茶飯事に埋もれてしまっているので、気づかずにいる多くの物事があり、周りにいつもあるそのような物事に対する感覚に再び気づかせてくれるのです。

マインドフルネス認知療法（Mindfulness Based Cognitive Therapy）のコースの中にあるエクササイズで、日常の只中にマインドフルネスを持ち込むように工夫されたものが「三分間呼吸空間法」（three-minute breathing space）です。これは必ずしも丁度三分間でなければいけないものではありません。けれどもその短さは一日の中のいつの瞬間でもすることができます。本書の中で私たちが捉われる心の二つのモードについて述べてきました。私たちにおそらくより身近なのは仕分け、計画、修正、編成などの仕事に集中しているモード、「すること」(doing) モードです。たとえ私たちが中断し、仕事に取り組まず、ただ呼吸に集中しているときでも、心のほうはなお仕分け、修正や計画を進めようと望んでいることに気づきます。ここには非常に強い衝動があります。ときにこのモードにあまりにも深く捉われるので、その中で自分を見失い、達成感が減り続け、ストレスが増え続け、そして、次第に大きな視野を失っていきます。このような時、もう一つの心のモード、すなわち「あること」(being) モードという大きな服薬が本当に必要になります。これはオープンで価値判断なしという仕方で、私たちを現在の瞬間に立ち戻らせ、大きな視野にもう一度結びつくことを可能にしてくれます。

これまで述べてきたように、ここが私たちのために神がいてくださるところです。衝動の中に自分を見失うのでなく、過去についての不安に捉われてしまうのでなく、ある特定の方法で未来を決めてしまうのでもなく、現在の瞬間の持つより広い視野に開かれるところに神はいてくださるのです。現在の瞬間はいつも神がおられるところです。そこで、時に私たちは立ちどまり、見つめ、そうして意識的に神のためのスペースを作るという決心をする必要があります。けれども、どのようにしたらよいのでしょう。忙しい一日の只中で、しかも祈りの時間やマインドフルネスのエクササイズが遥かかなたに遠のいているように思える時に、私たちは、どのように切り替えることができるのでしょうか。修道僧たちは一日の中で決められた時間に「聖務」(office) と呼ばれる短くて単純な祈りの営みを何度か持つことで、自分たちの中心、すなわち神に立ち戻ることに努めています。しかし、私たちは日常でそのようなスペースを持っていませんし、私はというと、今まさにその問題を占める異なる種類の「務め」（office）の只中にいます。

三分間呼吸空間法は単なる「タイム・アウト」ではありません。そのような少しのブレイクを与える息抜きなら、結局、ブレイクの前とまったく変わらぬ方法で、それまでしていたことに、戻るだけとなります。それは実際には心のモードの転換を助けることを意図しています。キリスト教徒にとっては、文字通り神を来たらせることなのです。

三分間呼吸空間法

あなたがどこにいて、何をしていようと、少し立ち止まります。もし可能ならば、姿勢を少し整え自分の体がそこに在ることに気づけるようにします。そこは現在の瞬間への入口であり、神がおられるところなのです。もしくつろげるなら目を閉じます。

第一ステージは、この瞬間に、今、あなた自身に生じているあらゆることに気づくようにします。心にどのような思考が生じているのか。どのような気分にいるのか。体の感覚で気づくことのできるどのような感覚があるのか。それがどのようなものであれ、気づくようにします。その善し悪しを決める必要はなく、ただそこにあるものに気づきます。これを約一分間行います。

第二ステージは、気づきを呼吸に向けます。そして可能ならば呼吸の営みが最もはっきり感じられる体の部分に、非常に狭く焦点を当てます。おそらくお腹の下部か胸の動きでしょう。心はそれまで関わっていた事柄になおも漂いながら、行きつ戻りつであるかもしれませんが、可能なかぎり心を呼吸に戻すようにします。この状態に一分間とどまります。

第三ステージは、気づきをもう一度、今度は体の全体に向けて広げます。バックグラウンドで呼吸の気づきを保ちながら、その呼吸が体の中を流れるように感じます。このような呼吸を短い間保ちながら、少し意識して体が外に向かって開いていくようにし、その姿勢が和らぐようにします。このようにして、今この瞬間に体と再び繋がるようにし、神のためのスペースを作ります。

こうして「目覚めます」。これは私たちの「放蕩息子」の瞬間です。そこで、私たちは自分の感覚に戻り、何が生じているのかに気づき、そうして物事の場にふたたび神を招き入れるのです。このようにして自分の選択肢を持つことができるようになります。私たちは以前行っていたことに戻るとしても、以前と違った態度で、つまり新しい寛容さ、親切心、あるいはより知恵に満ちた態度で戻ります。あるいは一休みが必要とか仕事を変えると決めたり、いっそのことこの仕事は自分に何の成果も生まないので止めることが本当に必要だと決めたりすることができるかもしれません。おそらく、もっとも役に立つかもしれないのは、自分はここにいることになっていたのではなく、五分前に始まったミーティングに出るはずだったと突然気づくかもしれないということです。

けれども三分間呼吸空間法で気をつけるべきなのは、実際にエクササイズをすることが必要だということです。コツが分かるのはそれほど簡単ではありません。というのは私たちの多くが「すること」モードを相当強迫的に持っているからです。通常、参加者に一週間ないし二週間毎日三回このエクササイズをおこない、そのうえで参加者が実際に必要を感じるとき――ストレスや気分低下のとき――にこれをするようにアドバイスします。難しいのは、自分の「すること」モードにとらわれてしまって、やめたいとは思わないときです。今、やっている、これをこなし終えたいのです。もし、自分が今中断すると、やりこなす勢いを失うか、別の問題を作ってしまうことにもなってしまいます。この心のモードはそのように仕切ることが好きなのです。戦わずに仕切ることを諦めることができないのです。ですから、エクササイズが必要なのです。けれども、このエクササイズが自然なものになるとき、毎日の生活にマインドフルネスをもたらす本当に計りしれない道具となるのです。

余計な時間をとらずに、一日を通してマインドフルであるための他のクリエイティブな方法を見つけることも可能です。私は、自分の教会へ行くのに、ほんの少し歩いて、わずかばかりの森林を通ります。歩く時には、頭の中で何も考えたりせず、葉っぱを眺めたり、足の裏の感覚に焦点を当てたりします。顔を洗うのは（マルタとマリアのエクササイズを思い出してください）決まり仕事（通常！）ではなく、マインドフルになる機会です。昼食のあとほとんど私は自分の机にコーヒーを持ち込まず、少しの間ただ静かに座ります。ときどき本を読んだりしますが、多くはただ静けさにとどまるだけです。この取り組みはすべて五分間でできるものですが、私にとりとても貴重な五分間なのです。

ですから、どういう方法であろうとも、あなたがこれをする際のポイントは、マインドフルに生きることです。ブラザー・ローレンスの言葉を借りるなら、「神の現存をエクササイズすること[27]」です。

エピローグ　すべてに満ちたいのち

Life in all its fullness

この本もいよいよ終わりに近づいてきました。ここは最も重要な問いに向き合う時です——すなわち、「これはすべて何のためにあるのか？」という問いです。ここまでキリスト教徒が信じ、行い、体験するよう求められると思われるものを見てきました。またこのようなものが生じるためにマインドフルネスがどんな役割をするのかを見てきました。しかし結局のところ、これらすべては何のためなのかというさらに広い文脈から見ることがなければ、私たちはまたもや分析的な「すること」モードに乗っ取られてしまい、新しいものに出会ったというられしさを感じるだけになってしまいます。新しいことをするのはしばらくの間はとても活気づけられ、動機づけにもなります。しかしひとたび問題が起こり、膨れ上がる波が脅威となり、険しい岩の壁が出現すると、何によって前に進み続けることができるのでしょうか？

ここに私を元気づけてくれる一つの例があります。もしあなたが音楽が好きならば、何か楽器を選び、それを演奏するために必要なテクニックを学ぶでしょう。私は少しギターをやっているのですが、それには音階、コード、進行、奏法などが含まれます。そのようなテクニックを習い始めることはとても心が満たされます。しかし、自分が今やっていることの大きな目標、すなわちこの場合「音楽」と呼ばれるものを創造していくという目標を見失うと、そういったスキルを学ぶことの魅力というのは色あせてしまいます。全体像に触れることを可能にしてくれるのは全体的で右脳的な気づきです。やり抜こうとするのであれば、このことをしっかり念頭に置くことがとても大切です。そこで「音楽」に匹敵するような、マインドフルネスが創り出そうとするものとは何なのでしょうか？　マインドフルネス瞑想が果たす大きな目標とは何なのでしょうか？

毎回マインドフルネスのコースの終わりに参加者にマインドフルネスを続けていく理由として自分が人生で重きを置いていること、特に最も困難な時や一番自分が望まないことなどを、ただ自分のためだけに書き出すようすすめています。秘密は必ず守られるので、できるだけ自分に正直になるように言います。ですからここでは私自身のこと以外引用するものはありません。次にあげることは私が参加者としてコースの終わりに書いたものです。

・人生、人々、友人、音楽、楽しみに対してもっと心を広げたいから。
・人生は次から次へと仕事にこなしていくだけのものではないと思うから。

私はいつもその時受けたコースの精神に沿うようにしています。また最初に頭に浮かんだことを選ぼうとしています。ですからこれらは神学的なものではありません。しかし今だにどちらも力強く私の心に響いています。またヨハネ福音書一〇章一〇節の「わたしが来たのは、羊が命を受けるため、しかも豊かに受けるためである」という親しみ深いイエスの言葉にも共鳴します。キリスト教徒として、それはそんなに悪くないように思えます。すなわち「イエスがもたらそうとした豊かな命にもっと心を開くためにやっているのだ」ということの動機はキリスト教徒として悪くない動機のように思えるのです。マインドフルネス瞑想を行っていくことは社会に役立つようなもっと意味のある理由があるのではないかと思うことがありますが、マインドフルネスに立ち戻り自分に素直に正直になると、私はこの「すべてに満ちたいのち」(life in all its fullness) を望んでいるのであり、これがとても力強い動機だということがわかります。けれども、さらに付け加えたいのは、そのことがわかっていたとしても、なお、私はできるだけ多くの人々をそこへ連れていきたいと思うのです。できるだけ多くの人々にも体験させてあげたいと思うのです。

あなたの動機は何でしょうか? あなたはなぜこの本を読んだのでしょうか? 正直なところ何があなたをマインドフルネス瞑想に向かわせるのでしょうか? 義務からではなく、情熱のこもった愛の気持ちからマインドフルネス瞑想に向かわせているのは何ですか? おそらく単に他者のためというだけではないでしょう。もっといい母、父になりたい、いい両親になりたいのかもしれません(「男性のためのマインドフルネス」の最近のリトリートに、どれだけ多くの男性が妻に連れられてくるのかに気づくのは何か愉快に感じます)。メンタルヘルスに、おそらくストレス管理やうつ病対策に関係するのかもしれません。あるいは単にキリストのよりよい弟子になりたいとか、もっと深い祈りの生活を送れるようになりたいのかもしれません。動機が何であるにしろ、現在の自分がそれと共鳴できるかどうかを見てみるのは十分に価値のあることでしょう。それを書き出して、そのまま机の上や自分だけの掲示板、あるいはスクリーンセーバーに張り付けておきましょう。

これらはすべて、マインドフルネスが「クリスマスのそのときだけ！」にあるのではないからです。私の経験によると、マインドフルネスは効果が出るのが遅いです。理由があってそういわれます。私たちが学んでいるスキルは練習の繰り返しによって得られるものであって、途方もなく時間がかかることがあります。ですから長期にわたって取り組む必要があり、音楽が速攻で上達できないのと同じで、ずっと続けていく方法を見つけることが必要になってきます。私は最近ギターの教師に「音階練習に飽きました」と文句を言ったことがあります。私はこのような音階練習なしに、自分が望むような演奏テクニックを習得できることはないとわかっていました。それにもかかわらず文句を言ってしまいました。先生は、私が「十分にマインドフルではない」と一度叱責したうえで（当然のことですが）、この練習を目標に到達するための方法としてではなく、ただギターのサウンドを楽しむようにやってみることを勧めてくれました。「これは素敵なギターですよ。あなたはこれを、お金をかけて購入しましたね。それぞれの音符の音をただ聴くようにしなさい」と先生は言いました。私は今、そうしています。（たいていの場合）もうやりたくなくなるものではなく、音階練習そのものを楽しめるようになりました。私はただ音を聴いています。

マインドフルネスにも、これと同じような態度で向かう必要があるのかもしれません。瞑想をすること自体を大切にできるような方法を見つける必要があります。変化は私たちの生活に必ず訪れます。でもそれは自分たちが求めているようなものではないかもしれず、望むように速くではないかもしれません。でも神は別にして、自分以外のだれが、私が必要としていることを知るものがいるでしょうか、そして私以外のだれが、自分の動きのペースの速さを知るものがいるでしょうか。ですからひたすらエクササイズに、さらにエクササイズに励みましょう。そして目の前で展開していく人生の冒険にいつも心を大きく広げていましょう。哲学者で、聖職者であり、詩人であるジョン・オドノヒュー(John O'Donohue)は美しく歌いあげます。

「私は川の流れのように生きていきたい。人生自身がくりひろげていく人生の驚きに運ばれていく川のように生きていきたい(28)」。

注

（1）YouTubeで「Healing and the Mind 1993 Jon Kabat-Zinn, Bill Moyers」と検索すれば動画を見つけることができる。

（2）M. Williams and D. Penman, *Mindfulness: A Practical Guide to Finding Peace in a Frantic World*, London: Piatkus, 2011（マーク・ウィリアムズ、ダニー・ペンマン『自分でできるマインドフルネス——安らぎへと導かれる八週間のプログラム』創元社、二〇一六年）.

（3）K. Nataraja, *Journey to the Heart*, London: Canterbury Press, 2011.

（4）C. Potoku, *In the Beginning*, Harmondsworth: Penguin, 1975.

（5）N. Lash, *Believing Three Ways in One God*, London: SCM Press, 1992.

（6）C. S. Lewis, *The Four Loves*, London: Fount, 1977（C・S・ルイス『四つの愛』佐柳文男訳、新教出版社、二〇一一年）.

（7）D. Cupitt, *Theology's Strange Return*, London: SCM Press, 2010.

（8）S. Vanauken, *A Severe Mercy*, London: Hodder & Stoughton, 1977.

（9）Cupitt, *Theology's Strange Return*, p. 5.

（10）*The Lion King*, Walt Disney, 1994（長編アニメーション映画「ライオン・キング」ウォルト・ディズニー・ピクチャーズ制作、一九九四年）.

（11）*The Matrix*, Warner Bros, 1999（映画「マトリックス」ワーナー・ブラザーズ配給、一九九九年）.

（12）本文で示唆したように、私が述べたものよりもこれはよりいっそう微妙な問題である。しかしここでいくつかの論点をあげておく。「エピジェネティクス（後成的遺伝学）」（誕生後の様々な経験の結果、遺伝子が活性化されたり、不活性に留まるとする遺伝学）と呼ばれる最近の科学では、出生時の遺伝子がすべてを決定するという見解を多少複雑に考えるようである。これに関連する二つの論文は以下。'The free will delusion'（「自由意志の妄想」）*New Scientist*, 16 April 2011, p. 32; 'New chapter opens in free will debete'（「自由意志論争の新しい章が開く」）*New Scientist*, 11 August 2012, p. 10.

（13）J. Haidt, *The Happiness Hypothesis*, London: Arrow, 2006, chapter 1.

（14）ここでの、人間の意識の脱中心化という概略の歴史は私のオリジナル——あるいは完全でなくても——とは考えない。けれどもそれがどこからの引用か見つけられないでいるため、もしこのアイデアの幾分かが誰かのアイデアからのものなら謝りたい。

（15）'Your clever body', *New Scientist*, 15 October 2011, p. 35; 'Alimentary thinking', *New Scientist*, 15 December 2012, p. 39.

（16）C. S. Lews, *The Lion, the Witch and the Wardrobe*, London: Geoffrey Bles, 1950（C・S・ルイス『ライオンと魔女——ナルニア国物語1』瀬田貞二訳、岩波書店、二〇〇〇年）.

（17）C. Ten Boom, *The Hiding Place*, Ada, MI: Chosen Books, 1971.

（18）*A Beautiful Mind*, Dream Works Pictures, 2001（映画「ビューティフル・マインド」ドリームワークス配給、二〇〇一年）.

（19）W. Tutu and M. Tutu, *The Book of Forgiving*, New York: Willam Collins, 2014.

（20）W. Nicholson, *Shadowlands*, Samuel French, 1989.

（21）Rumi, 'The Guest House', *Rumi Poems*, New York: Alfred Knopf, 2006.

（22）S. Spencer, *Christ in the Wilderness*, National Gallery of Victoria, Melbourne, Australia.

（23）*Crocodile Dundee*, 20th Century Fox, 1986.

（24）H. Willams, *Some Day I'll Find You*, London: Fount, 1982.

（25）I. McGilchrist, *The Master and His Emissary*, New Haven, CT: Yale University Press, 2009.

（26）O. Sachs, *The Man who Mistook his Wife for a Hat*, London: Picador, 1985（オリヴァー・サックス『妻を帽子とまちがえた男』高見幸郎・金沢泰子訳、早川書房、二〇〇九年）.

（27）Brother Lawrence, *The Practice of the Presence of God*, London: One world, 1993.

（28）未発表文からの引用。

マインドフルネスのコースと参考文献

●マインドフルネス「自己啓発」コース

以下のコースは自分で本を読み、瞑想のガイドとなるCDを用いて、自宅でできるコースです。

一般向けコース

M. Williams and D. Penman, *Mindfulness: A Practical Guide to Finding Peace in a Frantic World*, London: Piatkus, 2011.（マーク・ウィリアムズ、ダニー・ペンマン『自分でできるマインドフルネス——安らぎへと導かれる八週間のプログラム』創元社、二〇一六年）.

特にうつ状態の方に

J. Teasdale, M. Williams and Z. Segal, *The Mindful Way Workbook*, New York: Guilford Press, 2014（ジョン・ティーズデール、マーク・ウィリアムズ、ジンデル・シーガル『マインドフルネス認知療法ワークブック——うつと感情的苦痛から自由になる八週間プログラム』北大路書房、二〇一八年）.

M. Williams, J. Teasdale, Z. Segal and J. Kabat-Zinn, *The Mindful Way Through Depressions*, New York: Guilford Press, 2007（マーク・ウィリアムズ、ジョン・ティーズデール、ジンデル・シーガル、ジョン・カバットジン『うつのためのマインドフルネス実践——慢性的な不幸感からの解放』星和書店、二〇一二年）.

健康関連中心

V. Burch and D. Penman, *Mindfulness for Health: A Practical Guide to Relieving Pain, Reducing Stress and Restoring Wellbeing*, London: Piatkus, 2013（ヴィディヤマラ・バーチ、ダニー・ペンマン『からだの痛みを和らげるマインドフルネス――充実した生活を取り戻す八週間のプログラム』創元社、二〇一八年）.

●近隣のコース

オックスフォード・マインドフルネス・センター（The Oxford Mindfulness Centre）はウェブサイトに種々のコースのほか、エクササイズのためのガイドラインや住まいの近くのコースに関する情報を載せています。

www.oxfordmindfulness.org.

●さらに読み進めるために

キリスト教における観想の伝統の通史

K. Nataraja（ed.）, *Journey to the Heart*, London: Canterbury Press, 2011.

マインドフルネスと繋がるキリスト教の教師のための祈り

M. Laird, *Into the Silent Land*, London: Darton, Longman and Todd, 2006.

A. de Mello, *Awareness*, London: Fount, 2006.

臨床関係

F. Didonna（ed.）, *Clinical Handbook of Mindfulness*, New York: Springer, 2009.

Z. Segal, M. Williams, and J. Teasdale, *Mindfulness-based Cognitive Therapy for Depressions*, New York: Guilford Press, 2013（Z・V・シーガル、J・M・G・ウィリアムズ、J・D・ティーズデール『マインドフルネス認知療法――うつを予防する新しいアプローチ』北大路書房、二〇〇七年）.

マインドフルネスと自然

B. Stanley, *Forest Church*, Llangurig: Mystic Christ Press, 2013.

C. Thompson, *Mindfulness and the Natural World*, Lewes: Leaping Hare Press, 2013.

訳者解説

本書との出会い

マインドフルネスについて聞いたことはあるが、キリスト教の霊性とどのように関係しているの？との疑問からこの本を手にとられた方も多いのではないかと思います。マインドフルネスと仏教との関係について書かれた本は多くありますが、本書はマインドフルネスとキリスト教の霊性について紹介するはじめての翻訳書です。

まずこの本と訳者柳田との出会いから紹介したいと思います。二〇一六年七月に、日本マインドフルネス学会主催のマインドフルネス認知療法（ＭＢＣＴ）の三日間のワークショップに参加しました。それはＭＢＣＴを開発したオックスフォード大学の名誉教授マーク・ウィリアムズ博士から直々に学ぶことのできるとても充実したワークショップだったのですが、その中でウィリアムズ博士と直接にお話をする機会がありました。自己紹介を兼ねて「私はイエズス会の司祭で黙想指導をしているのですが、インドでヴィパッサナー瞑想を体験して以来、この瞑想とキリスト教を組み合わせた瞑想指導をしている者です」と話したところ、博士はにっこり微笑みながら「私は英国国教会の司祭で、ついこの前もイエズス会の黙想の家で修道女に黙想指導をしたばかりです」と返事されました。私はその時までウィリアムズ博士が英国国教会の司祭とは知らなかったので、とても驚きました。そして、同じキリスト教の司祭だからと意を強くし、「ヴィパッサナー瞑想やマインドフルネス瞑想の中心である『今ここを価値判断なく気づく』という取り組みはイエスの教えたアガペ、無償無条件の愛と同じではないかと思うのですが、どうでしょうか」と尋ねたところ、「その通りだと私も思います」と即座に答えてくださいました。そして続けて「最近出たいい本があります。ティム・ステッドという英国国教会の司祭の書いた"Mindfulness and Christian Spirituality"です」と紹介してくださいました。そこで早速手に入れて読み始めました。するとなんとその本のまえがきをマーク・ウィリアムズ博士が書いておられるではありませんか、そこで推薦されたことの合点がいきました。

その夏の間読んでいて、とても内容の素晴らしい本だと思いました。この本は私の知るかぎり英語圏でキリスト教とマインドフルネスについて書かれた最初の本と言えます。その後、キリスト教とマインドフルネスを扱った本がいくつか出るようになりましたが、私が見たところではこれまでのキリスト教霊性の中にある黙想や観想の祈りをマインドフルネス瞑想に当てはめるというスタイルが多く、その意味でも、この本はキリスト教の外から入ってきたマインドフルネスをキリスト者としてどう受けとめるかについて書かれており、意義深いと思えます。

著者について

読者にとって興味深いのは、英国国教会の司祭であるティム・ステッドがどのようにしてマインドフルネスに出会ったかでしょう。その詳細は本文に譲るとして、ここでは著者とメールを交わして知ったプロフィールを紹介しながら少し触れたいと思います。英国国教会員の家庭に生まれ育ったティム・ステッドは、成長の過程で自身のキリスト教信仰に疑問を感じながらもやがて信仰を取り戻していきます。青年期にデボン（Devon）にあるリー・アッビー・キリスト教共同体（Lee Abbey Christian Community）に二年間住んで信徒共同体のメンバーとして様々なリトリートプログラムや休暇プログラムのために働きます。その後、英国エクスター大学でエンジニアリング科学を学び、ガトウィック空港やアメリカン・エクスプレスで仕事についた後、聖職者になる道を選びオックスフォード大学スティーヴン・ハウス神学カレッジ（Stephen's House Theological College）で学び、一九九五年英国国教会の司祭となりました。シュロップシャー（Shropshire）とサセックス（Sussex）の教会で奉職した後、オックスフォード・ヘディントンクオリィ（Headington Quarry）の聖三位一体教会（Holy Trinity Church）の牧師（主任司祭）となり二〇一八年まで勤めています。この教会は作家のC・S・ルイスが通い、彼の墓がある教会として有名です。そしてティム・ステッドは現在、教会司牧から離れ、オックスフォードに住み、フリーランスでオックスフォード・マインドフルネス・センターのインストラクターを務めながら、著作活動、八週間のマインドフルネスや各種のリトリートを指導しています。彼には妻と三人の子供がいます。

彼はもともと祈りやスピリチュアルなものに関心を持っていた人ですが、英国国教会の司祭となった後、牧師職をこなす中でやがてストレスを抱え、自分を否定する内なる声に悩まされるようになります。その折にマインドフルネスに出会い、八週間のコースに与って、それまでの「散心」と「罪と裁き」という心の捉われから解放されます。これが、彼がマインドフルネスに真剣に取り組み、キリスト教との関わりを探求する道に進ませることになりました。その経緯は本文3章に書かれている通りです。

日本におけるマインドフルネスの広がり

まだマインドフルネスについて十分知っておられない方のために日本におけるマインドフルネス（あるいはヴィパッサナー）の導入の経緯、またキリスト教との関わりを若干述べておきたいと思います。マインドフルネスの源流である上座部仏教のヴィパッサナー瞑想が日本に伝わり広がり始めたのは、一九八〇年代からです。一九八一年にS・N・ゴエンカ氏が来日して瞑想指導し、その後京都府下に瞑想コースの施設「ダンマバーヌ」が開かれ、瞑想体験者が増えていきました。また一九八九年スリランカからアルボムッレ・スマナサーラ長老が招聘されて来日し、活動を開始しています。さらに一九九〇年代になると、ミャンマーで修行した井上ウィマラ氏が瞑想指導を始めると共にヴィパッサナー関連著作を次々に翻訳出版し、ヴィパッサナーへの関心が広がっていきました。またタイで修行した地橋秀雄氏も瞑想指導を始めています。さらに当時、世界的な瞑想指導者となっていたベトナム人の仏教僧ティク・ナット・ハンが一九九五年に来日し、講演を行い、リトリートを指導しました。この時ハン師はマインドフルネスという言葉で瞑想を紹介し、これがやがてマインドフルネスという呼び名の普及につながっていきます。二〇〇〇年以降になると、元曹洞宗の禅僧でミャンマーで修行し、上座部仏教に得度し直した山下良道師、さらにタイで出家し僧侶となったプラユキ・ナラテボー師（本名、坂本秀幸）らも、この瞑想を日本で広めてゆくことになりました。

一方、医療や心理療法の分野からもマインドフルネスが日本に入ってきます。世界的な流れについては本書の1章に詳しく出ていますが、ジョン・カバット－ジン博士の開発したマインドフルネスストレス低減法（ＭＢＳＲ）を解説した著書“Full Catastrophe Living”が一九九三年、早稲田大学の春木豊教授によって翻訳出版され（『生命力がよみがえる瞑想健康法』）、日本でも臨床の分野で関心がもたれるようになりました。その後、特に米国での瞑想の脳科学研究の進展によってその効果が確かめられ、ビジネスや教育分野でもマインドフルネスが広がり、その波が日本にも押し寄せるようになりました。日本でも二〇一三年に東京マインドフルネスセンターが開かれ、同年末に日本マインドフルネス学会が設立され、またＮＨＫをはじめとするマスメディアによる紹介によって広くマインドフルネスが知られるようになりました。二〇一四年にはジョン・カバット－ジン博士が日本経済新聞社の招きで来日、講演やセミナーを行っています。このようなマインドフルネスの普及に伴い、上座部仏教のヴィパッサナーもマインドフルネスの名称のもとに包含されていく観があります。

このように日本でもマインドフルネスは広がっていますが、では日本でのキリスト教とマインドフルネスはどのように知られ、その関係はどうなっているのでしょうか。残念ながらキリスト教とマインドフルネス（ないしヴィパッサナー）との交流はほとんど見られず、二〇一九年一月の時点で研究者の論文検索サイトであるCiNiiで「キリスト教、マインドフルネス」と検索してもわずかに二件がヒットするだけです。キリスト教関係の書籍に関してもごくわずかしかなく、私以外では松田央『信仰の基礎としての神学――キリスト教神学への道案内』(新教出版社、二〇一八年、一六二―一七四頁)の中でマインドフルネス瞑想が紹介されているくらいです。この理由としては、ティム・ステッドも「はじめに」で述べているように、長い霊性の歴史を持つキリスト教はそれ以上のものを必要としないとか、仏教由来のものは異質と思われ違和感を感じさせるというようなことがあるのかもしれません。けれどもマインドフルネスまたヴィパッサナーはキリスト教と親和性を持ち、キリスト教そのものを豊かにしてくれる可能性を持っているということができます。

マインドフルネスとキリスト教

ティム・ステッドも本書で述べており、私自身も自分の瞑想実践によって確信に近いものを持っていますが、この瞑想はキリスト教信仰の中心である無償無条件の愛、アガペを心に育んでくれるものです。マインドフルネス(ないしヴィパッサナー)とは、本書によると「現在の瞬間に起こっている自分の体験について、なんの価値判断もせずに、よりはっきり気づいていること」(二七頁)と定義され、「気づき」「体験」「今この瞬間」「価値判断なし」の四要素が示されています。このそれぞれがキリスト教信仰また霊性に関わってきます。「気づき」(awareness)はイエスの「あなたがたに言うことは、すべての人に言うのだ。目を覚ましていなさい」(マルコ一三・三七)と繋がってきます。「今この瞬間」(the present moment) や「体験」(experience) に気づくということも、いかに普段私たちの心が今ここに定まらず、また直接の生の現実に触れずに頭の概念化された世界の中で生きているかを示してくれます。私がこのことに気づくようになったのも、ヴィパッサナー瞑想を実践するようになってからです。神に近づき、神に目覚めて信仰を生きようとするなら、心を「今ここ」の生の現実に留めることなしにはあり得ません。なぜなら真の神は常に「今ここの現実」にのみおられるからです。私たちは多くの場合、概念化された神を思いイメージしがちです。それでは真に信仰を生きることにはつながってきません。

しかし中でもこの瞑想で大切なのは「価値判断なし」(non-judgment) です。ティム・ステッドも悩み、私も悩んできたのはこの点です。それまでは隣人愛を無償・無条件で生きられない自分を「まだだめだ」と責めたり、また相手に対して怒りを持った時には、その怒りを我慢する形でやり過ごそうとすることが度々ありました。司祭としてこのような怒りを除かないかぎり、イエスの教えを宣べ伝える者としてはふさわしくないと考える気持ちから出たものでした。けれども結局このような仕方では、たとえ少しうまくできたとしても力づくによる方法であり、それはまた「私はこんな風に自分をコントロールできる」と思い上がるエゴを生み出すだけでした。これでは堂々巡りであり、エゴを乗り越えることはできず、それが深い悩みとなって自分を苦しめていたのでした。

けれどもこの瞑想の「価値判断なし」はまさに袋小路に陥っていた状態からの突破でした。この瞑想ではどのようなネガティブな感情や考えが生じても、それをすべて心(頭)に生じた事実として気づくだけで一切価値判断しません。例えば怒りが生じたら「今、怒りがある」と気づき、その怒りを取り除こうとせず、怒りがいいとも悪いとも判断しません。そうするとこのような価値判断なしの気づきによって、「怒り」という感情から心の距離を取ることができ、自然と怒りに巻き込まれなくなります。そうしてやがて怒りは自然と小さくなり、過ぎ去っていきます。ここにはエゴの働きは何もありません。また隣人愛を生きられない自分を体験し、「まだだめだ」と自分を責める心が生じても、「いま、『まだだめだ』と思った」と気づくようにし、その考えがいいとも悪いとも価値判断をせず、気づくだけにします。そうすると「まだだめだ」という考えが自然に離れていきます。

このような実践体験を積む中で気づくのは、「怒り」を正当化したり、否定したりするのは無意識のうちにも利害損得を考える自己中心的なエゴであり、だからエゴがいつまでもついて回るのだということです。しかし、あらゆるネガティブな感情や考えに対して価値判断なしに気づくというのは、エゴを越えたところからの気づきです。そしてこれをキリスト教の観点から見るならば、価値判断なしの気づきはイエスのアガペの愛と同じだということです。「父は悪人にも善人にも太陽を昇らせ、正しい者にも正しくない者にも雨を降らせてくださる」（マタイ五・四五）というイエスの言葉で示されるように、神の愛（アガペ）は、その人がどのような人であるかにかかわらず、無条件に存在を肯定する愛だということです。マインドフルネスはまさにこの実践ということになります。ここにエゴからの離脱の道が開けてきます。

マインドフルネス瞑想（ヴィパッサナー瞑想）は、このようにキリスト教のアガペの教えを心に育むとても有効な方法であり、これを通してアガペの愛の神に対する信仰をいっそう確かなものにすることができます。ティム・ステッドは本書において様々な瞑想エクササイズを紹介するとともに神学的な観点からもアプローチしていて、これは非常に興味深いところです。

本書の内容

本書の内容を簡単に述べておくと、第1部でマインドフルネスとは何かを、臨床領域での紹介を踏まえて、その定義を説明し、実際の取り組みについてもエクササイズを紹介しながら語ります。初めての読者はここでマインドフルネスがどのようなものか分かってくるでしょう。続いてキリスト教の霊性の伝統をマインドフルネスの観点から述べ、さらに著者なりのアプローチで福音書の出来事を材料としたマインドフルネス・エクササイズを紹介します。そして、どのようにマインドフルネスに著者が出会い取り組むようになったのか、興味深い話へと続きます。

第2部はキリスト教の神理解とマインドフルネスがどのように結びつくのかという点で非常に興味深い個所です。決して本格的な神学的考察というわけではありませんが、瞑想体験による洞察が、三位一体の神理解をいかに豊かなものにすることができるかが述べられていて、とても興味を覚えます。神の本性の唯一性を、自然や人間の区別を越えて全体性においてあるがままに見るマインドフルネスの視点から深め、神の一性の反映を創造された世界に見ることができるようになります。キリスト教は人となった神キリストを信じる宗教で、これを受肉（incarnation）と言いますが、これに関して著者は「受肉が意味するのは、……私たち自身の肉体は、私たちが神を体験し、神を知ることのできる……唯一の場所だ」とまで言います。これは、瞑想を通して概念としての体ではなく直接の生の体験としての体に気づく中で生まれた洞察であり、マインドフルネスは概念化された信仰内容に中身を取り戻す働きをしてくれるのです。また、聖霊による聖化（sanctification）の働きがマインドフルネスによる自由意志の領域拡張と自己中心性からの離脱（脱中心化）によって促されるとする理解も、体験に基づいたものとして納得させられます。

第3部はマインドフルネスによって深めた三位一体の神理解に基づいて、現実生活のなかで信仰をマインドフルネスによってどう育み、またどう活かしていくかが述べられています。そのポイントは「すること」(doing)から「あること」(being)への意識転換です。神の現存に目覚めるためには、私たちが神のおられる「今ここ」に「ある」ことが求められ、神への信頼も自分の中にある欲望に気づいて「手放し」、あるがままの心にとどまることが必要であり、神の意志を知るためにも自分の心を静寂にとどめることが欠かせないのです。それをマインドフルネスは助けてくれます。平和を見出すこと、心のいやし、真の祈り、愛を育むことなどキリスト者にとって大切な事柄についてもマインドフルネスが助けとなることを、ティム・ステッドは説得力をもって述べています。

キリスト教の霊性におけるマインドフルネスの働きを一言で言うなら、「神のためにスペース(space)をつくる」ということです。本書の副題です。マインドフルネスの瞑想エクササイズをすることで気づくのが、いかに私たちが頭の働きによってすべてが分かると思いあがり、すべてをコントロールしようとしているか、それによって信仰も概念の信仰に硬直させているかということです。マインドフルネスはそのような概念化の働きから私たちを解放し、私たちの中で神が働かれるスペースを生み出してくれます。神は愛そのものの神として恵みを私たち一人ひとりに惜しみなく注いでおられますが、私たちがその恵みの働く場所を締め出してしまっているのです。そこにスペースをつくっていくのがマインドフルネスです。マインドフルネスは神への協力の最も素晴らしい形の一つと言えます。

実践のために

本書でも度々述べられていますが、ティム・ステッドが現在指導しているマインドフルネスは、マーク・ウィリアムズ、ダニー・ペンマン『自分でできるマインドフルネス——安らぎへと導かれる八週間のプログラム』（創元社、二〇一六年）をテキストとして用いており、日本語訳にはＣＤも付いているので、合わせて活用してくださるとよいでしょう。

キリスト教とマインドフルネスの関係を理解していくには知的理解だけでなく、何よりも瞑想の実践を通しての理解が大切です。関心をお持ちの方のために、キリスト教の観点を取り入れたマインドフルネスとして私が行っている「キリスト教的ヴィパッサナー瞑想」について、左記に紹介しておきます。

無原罪聖母修道院（黙想）、イエズス会霊性センター「せせらぎ」
〒一七七－〇〇四四　東京都練馬区上石神井四―三二―一一
電話〇三－三九二〇－一一五八、ファックス〇三－五九二七－三〇八一
URL https://tokyo-mokusou.info/
この施設では、日帰りから、一泊二日、二泊三日、三泊四日、九泊一〇日の瞑想を行っています。
また霊操とキリスト教的ヴィパッサナー瞑想との関係について興味をお持ちの方に、次の拙文も紹介しておきます。
柳田敏洋「キリスト教的ヴィパッサナー瞑想の試み」『祈り』（越前喜六編、教友社、二〇一四年）
柳田敏洋「エゴを越えてアガペを生きる霊性を目指して」『霊性』（越前喜六編、教友社、二〇一七年）
柳田敏洋「アガペーの人となる　キリスト教的ヴィパッサナー瞑想とは何か」『サンガジャパン』三〇号、「慈悲が世界を変える」（サンガ、二〇一八年）

訳者あとがき

この本を読んでいてとても共感を覚えたのですが、それは私自身のパーソナルヒストリーと重なるところがあったからです。私は母方の祖母がカトリック信者という家庭で生まれカトリック信者として大きくなっていったのですが、高校生の後半から大学生にかけて信仰に対する様々な疑問が生じ、禅やプロテスタント聖書学に関心を持つようになりました。けれども心の距離を持ってカトリックを見ることでカトリックの良さや懐の広さに気づくようになりカトリックの信仰をもう一度取り戻しました。言わば自身の再洗礼です。

その後会社勤めを六年間したあとカトリック男子修道会のイエズス会に入会し、司祭叙階後、イエズス会の初期養成担当者となり同時に霊性使徒職として黙想指導に携わるようになりました。その中心はイエズス会の創立者ロヨラのイグナチオの編み出した「霊操」の指導であったのですが、やがてエゴの問題にぶつかるようになりました。それは、八日間の霊操を毎年しても、その黙想中はエゴを手放す自己放棄を通してイエス・キリスト従うという心を、祈りの深まりの中で体験するのですが、現実の生活や仕事に戻ると徐々に消え去ったはずのエゴが再び頭をもたげてきて、いつの間にか以前と変わりのない自分に戻ってしまうという問題でした。イグナチオの霊操は本来三〇日間をかけ、自分の中の乱れた愛着に気づき、自らを内的に浄め、イエスの生涯と受難と死、そして復活を祈りながら神のみ旨を知り、神のみ旨を生きる者として魂を整えるという祈りの道です。その目指すところはとても素晴らしいのですが、現実世界に戻ると整えられたはずの魂が神中心からエゴ中心に戻ってしまうという問題を私自身解決することができませんでした。

そのような悩みの中でS・N・ゴエンカ氏のヴィパッサナー瞑想について知る機会があり、二〇〇七年にインドで一〇日間のヴィパッサナー瞑想に与りました。そして、エゴを突破する端緒となる体験をすることができました。同時にそれはイエスの教えるアガペの実践とぴたりと重なることに気づき、キリスト教の観点からこれに取り組み、「キリスト教的ヴィパッサナー瞑想」として信徒や修道者に手ほどきするようになりました。その中で確かな手ごたえを感じ、キリスト教の信仰と祈りの伝統の中にヴィパッサナー瞑想（マインドフルネス瞑想）を取り入れる必要を強く感じるようになり今日に至っています。そのようなわけで、本書を読んだとき、これはぜひ翻訳して日本のキリスト者に読んでもらいたいと思ったのです。

著者が「日本の読者の皆さんへ」でも書いているように、この本はキリスト教にマインドフルネスを付け足したようなものではなく、マインドフルネスを通してキリスト教の信仰が豊かにされ、また同時にマインドフルネスがキリスト教と出会うことにより豊かにされるという出会いと対話の書です。この本は専門書ではなく一般向けに書かれたもので、キリスト者として自分の信仰を実生活や仕事の中で少しでも生かし中身のあるものにしていきたいと望んでいる人たちのためのものです。また一般の読者あるいは仏教関係者でマインドフルネスに関心を持つ人が、キリスト教はマインドフルネスをどう考えているかを理解するための格好の書物です。

本書の翻訳は種々の瞑想やキリスト教的ヴィパッサナー瞑想に経験をお持ちの伊藤由里さんの協力を得て、交互に章を担当して訳し、両者で確認していくスタイルで進め、最終的に私が全体の訳文を仕上げるようにしました。翻訳についての最終責任は私にあり、翻訳上の至らない点などすべての責は私にあります。

本書は英国国教会の信徒をおもな読者として書かれていることから、日本聖公会の笹森田鶴司祭、市原信太郎司祭のお二人から英国国教会の教会用語の日本語訳について助言を頂きました。厚く感謝申し上げます。また教文館の編集担当福永花菜さんには読者目線から種々的確なアドバイスを頂き感謝いたします。

皆さんが本書によって少しでもマインドフルネスとキリスト教との関係を知り、また瞑想の実践によって日常生活の中で生き生きとした信仰を育んでくださることを心から願っています。

二〇一九年三月一九日　聖ヨセフの祝日に

柳田　敏洋

【著者紹介】

ティム・ステッド（Tim Stead）

英国国教会司祭。オックスフォード大学マインドフルネス・センター認定インストラクター。著作活動、8週間のマインドフルネスや各種リトリートを指導している。ウェブサイト「SEE, LOVE, BE——TIM STEAD」を開いている。

【訳者紹介】

柳田敏洋（やなぎだ・としひろ）

1952年生まれ。京都大学工学部大学院修士課程修了。協和発酵技術研究所勤務を経て、1983年イエズス会に入会。1991年司祭叙階。アメリカ、カナダで霊操コースを研修、帰国後イエズス会修練長職を11年間務め、各地で黙想指導に携わってきた。インドを定期的に訪れ、ヨーガとヴィパッサーナ瞑想を学ぶ。その後、エリザベト音楽大学教授、理事長を務め、現在、イエズス会霊性センター「せせらぎ」所長。インド政府公認ヨーガ・インストラクター。キリスト教霊性と東洋の霊性の統合に取り組んでいる。
著書に『日常で神とひびく　1、2』（ドン・ボスコ社）がある。

伊藤由里（いとう・ゆり）

熊本県水俣市生まれ。青山学院短期大学英文科卒業。ウェスタン・ミシガン大学に編入・卒業。早稲田大学大学院人間科学部にて医療人類学を学ぶ。豊富な瞑想体験を持ち、2016年よりキリスト教的ヴィパッサナー瞑想を学んでいる。共訳書にマイケル・A・シンガー『サレンダー』(風雲社)がある。

マインドフルネスとキリスト教の霊性

神のためにスペースをつくる

2019 年 4 月 30 日　初版発行
2019 年 6 月 30 日　2 版発行

訳　者　柳田敏洋／伊藤由里

発行者　渡部　満

発行所　株式会社　教文館
〒104-0061 東京都中央区銀座4-5-1 電話 03(3561)5549 FAX 03(5250)5107
URL　http://www.kyobunkwan.co.jp/publishing/

装　丁　森デザイン室

印刷所　モリモト印刷株式会社

配給元　日キ販　〒162-0814　東京都新宿区新小川町9-1
電話 03(3260)5670　FAX 03(3260)5637

ISBN 978-4-7642-6739-8　　Printed in Japan